きれはし

ヒコロヒー

ele-king books

きれはし

はじめに……4
まるこ……6
宇宙……21
方言……28
タイムリープ……34
岐阜営業……39
コリドー前編……44
コリドー後編……65
サマージャム……102

彼女たちについて……107
バイト……114
ドンキのジーパン……122
電子書籍……126
春はスピッツ……130
お客……135
2020……139
香水……143
チェックリスト……150

おわりに……156
初出一覧……158

はじめに

ひとつひとつを諦めきることでなんとか生きてきたふしがある。

希望を持つことも、期待をすることも煩わしく思えて、さまざまなことを諦めることでなんとか毎朝起きることができる、そんな暮らしをずっと続けていた。屋根のある部屋で寝ることができて、家賃を滞納することなく支払えて、焼酎に梅干しをふたつ、恐れずに添えることができれば、じゅうぶんに贅沢な人生だと思えて、そりゃあたまには美味しいお寿司を食べたいわみたいなことを思ったりもしてみるけれど、どうせ食べられないのだからと、焦がれることとさえ打ち止めてきたのである。

本書はどこの馬の骨かわからない女が一端のふりをしてたらたらと文字を連ねているだけのものである。娯楽性もなければ有益性もなく、あなたの人生の時間を割いて眺めるにふさわしいかは知る由もない。さしてドラマティックではない人生録や、派手ではない経歴をこれ見よがしに語り連ねることは厚かましく思えて引け目がある。ただ本当になんでもない事柄をなんでもなく連ねているだけのものであり、それをあなたが好くか好かないかはあなたの物語である。

なんらかの縁でこうした文字列を眺めるに至っているあなたが、本書を読み終わった際に「なんぞこれ！　くだらん！」とブチギレ散らかすことになられたらしのびないなあという程度のモラルはあるが、ブチギレ散らかされたところでまあ知らんなあしゃあないなあという程度の開き直りも持ち合わせている。

どうでもいい女のさまざまな瞬間を、雑に切れ端に書き留めていっているだけのようなものであるが、それを覗いていくだけの時間を過ごそうとひとつ他愛ない腹を括ってみてから読み進めていって頂きたい。読み終わる頃に、あなたの中にも、どうだっていいや、という枠が生まれたとしても、責任は取らないし、謝るつもりも毛頭ないのである。

まるこ

２０１８年8月27日、国民的キャラクター「ちびまる子ちゃん」の原作者であるさくらももこさんの訃報が日本中を駆け巡った。私自身、特別に肩入れしてさくらももこさんの作品が好きだとか彼女自身のファンであるということではないのだが、もちろん物心ついた頃から日曜の晩はまるちゃんを見ていたし、学生時代には彼女のエッセイも読んで「へえ、さくらももこって自分のおしっこ飲むんや、めっちゃガッツあるやん」と根性論という点で感嘆した記憶もある。

しかしそれが特別なファンであることの証にならないほど、さくらももこさん、そして彼女が生んだ作品は国民みんなが「もうそこにあるもの」として親しみ、当然のように触れて育ってきたのだ。わざわざ口に出すまでもなく、当然のように「もう好き」という状態にあったのである。ところが口に出してはっきりとしっかりと「さくらももこが好きだ」と言っている人物に、これまでの人生で私は三回出会ったことがある。

一回目は20歳の頃、私が大阪で松竹芸能というモデル事務所に所属したばかりの頃だ。

そこで出会った背が低く巨乳でショートカットがよく似合う関西弁の女が「私さくらももこが好きやねん」と言っていた。その女の隣で前転倒立をしていた同じく背の小さい黒目がちな女は「うちはコジコジが好きやな」と分かった感じで喋っていた。私は「あんまり喋りかけないでほしい」と思っていた。

二回目は三年ほど前だろうか、私が松竹芸能というモデル事務所の劇場でウォーキングのレッスンをしていた時の事だ。突然、全く華のない男性が劇場入り口から登場して私と目が合うなり「ヒコロヒーちゃん、おはよう」と言って近付いてきた。私みたいな女をつかまえてちゃん付けして呼んでくるとはなかなか育ちが良い男だなと思い、全く華がないという低評価から中評価にランクアップさせてやった記憶がある。

彼は「花形です、よろしく」と言った。華がないのに花形、ククク、と、私は心の中で初対面の男性を完全に嘲笑《あざわら》っていた。嘲笑っている最中、ふと気づくと、華がないのに花形さんは、ちびまる子ちゃんのイラストがプリントされたTシャツを着ており、それがなんとあの巨乳ショートカット女が気に入ってよく着ていたTシャツと全く同じものだったのだ。私はつい口をついて「それ、加納という女も着てました」と言うと「そうなの、俺、さくらももこ超好きでさ、加納ちゃんともさくらももこ繋がりで仲良いの」と言ってきた。

加納にもちゃん付けしている。しかし加納はチビで巨乳のベビーフェイスだから男性陣にちゃん付けされることは当然だ。それよりも、あんな女と仲良くしていたのか、なかなかおおらかなやつだなと判断し、中評価から更にランクアップさせてやった記憶がある。

三回目は最近の出来事だ。ひょんな事から一緒に住むようになった黒髪でエキゾチックな顔立ちのひょうたん山で生まれた女が、家中のあらゆるもの、例えばティファールとか、小さな手鏡の裏とか、テレビ台の隅とか、至るところにちびまる子のステッカーを貼っていたのだ。

デザイナーのマノロ・ブラニクは「他人と暮らすことで自分の美的感覚を侵されることが耐えられない」と

彼のドキュメンタリー映画ではっきりと言っていた。全くもってその感覚である。私は日用品にキャラクターのステッカーを貼るというセンスを受け付けず、嫌気がさし、なんなら腹さえ立っていた。私はすぐさまひょうたん山で生まれた女に言った。

「ねえつるちゃん、これ、剥がしていいですか？」

「いやあかんよ、私、さくらももこ好きやねん」

そして２０１８年8月27日、私はとんでもなく金が無かった。はっきり言って、6円しか無かった。嘘みたいな数字で読んでいる人もしらけたかもしれないが、その気持ちはとてもよく分かる。この場合において違和感のない数字は多分７２０円とか、４２０円とか、あくまでも現実味のある数字だ。しかし、私は本当に6円しか無かったのだから誰にも何もしらけられる筋合いなどない。しかもリュックの底や上着やジーパンのポケットを探り散らかした末に寄せ集めた、完全になけなしの6円だった。給料日は五日後、私は誰かに金を貸したり、金を預けたりしてなかったかと思い巡らせ、一人の男に行き着いた。


花形さんだ。花形さんとは家が近所で、よく暇な時に本を借りに行ったり、面白いラジオの話をしに行ったり、逆に花形さんが我が家に来て私の作業用のデスクを組み立ててくれたりと、それなりに交流をするようになっていた。あの初対面の頃から数年経ち、私はもう「華がないのに花形さん、ククク」と思うノリにも勝手に飽き、シンプルに「花形さん」と呼び、花形さん側も、この数年で定期的に私に飯を奢るなどすることにより、ちゃんと私からの尊敬を勝ち取り、先輩としてのポジションを確立していた。

私は花形さんの家に「ヒコロヒー貯金」というものをしていた。例えば私が花形さんの家に行く前にコンビニに寄りちょっとしたジュースやお菓子を買って持って行く。すると花形さんは「悪いからいいよ、受け取ってよ」と私が購入したくらいの代金、３００円とか、５００円とか、それくらいを渡してくれる。しかし私も四国で生まれた粋な女なので「そんなのいいんです」としとやかに断る。

「いいよ受け取って」

「いいんです」

の応酬が続き、最終的に「じゃあここに貯金しときます」と言ってそこら辺にあったＣＤケースの中に小銭を突っ込んだのが始まりだ。そのＣＤケースに「ヒコロヒー貯金」と書いた紙を貼り付け、そういう事が起きるとその中に小銭を入れ込んでいた。

もうそれしかない。しばらく生活できるくらいは貯まっていたはずだ。なんか札も入っていたような気がする。札や。札が欲しいんや。私は四国の広大な地で培った図太さをいかんなく発揮するようにして、花形さんに電話した。一度で応答がなかったので鬼電するに至った。花形さんが一度目で電話に出てくれていたらこんなことにはならんけどね、と四国の広大な地で培った自己正当化をいかんなく発揮し、鬼電し続けていた。

それからしばらくためらうことなく鬼電を続けていると、ようやく花形さんが電話に出てくれた。
「お疲れ様です、花形さんの家にある貯金を崩しに行ってもいいですか？」
いささか不躾に尋ねるも花形さんは慣れた様子で「いいよ、30分後に家に来な」と言って電話を切った。そのクールさといえば、ほとんど事件の大きな鍵を握る裏社会の情報屋の装いであった。

我が家のリビングには同居人のひょうたん山で生まれた女と、その仕事相手である八尾で生まれた乾燥肌の男が居た。私は自分の部屋で作業をしていたが、自室と隣接してリビングがあり、そこに二人がたむろしているので、私は自室のドアを全開にしてなんとなくリビングの二人とてきとうに会話をしながら作業を進めていた。しばらくすると、ひょうたん山で生まれた女が何かの拍子に「なあなあ、さくらももこ死んじゃった」とぽつりと言った。この部屋の至るところにはさくらももこの様々なステッカーが貼られてある。ひょうたん山で生まれた女が作業しているテーブルの上に置かれてある筆箱も、ノートも、さくらももこのキャラクターのものであった。私と八尾で生まれた乾燥肌の男は、ぼんやりとそれらを眺め回しながら「そうですねえ」と言うのみで、大して気の利いたことは何ひとつとして言えなかった。

30分後がきて私は花形さんの家に向かった。相変わらず息を止めても行ける距離である。ドアを叩くと、ドアの向こうから「はあい」というぬるい声が聞こえ、足音が近づいてきてドアが開く。

まるこ

「お疲れ、どうしたの、お金ないの？」

「はい」

「そっか、コンビニ行こう、なんか買ってあげるよ」

そう言うと花形さんは部屋の奥に一瞬だけ戻り、上着を羽織りながら、手には財布を持っている、というスタイルで再度登場してくれた。私は、手には財布を持っている、というスタイルで登場してくれる人にめっぽう弱い。手には財布を持っている、というスタイルで登場してくれる人と、めっちゃ飯食わしてくれる人、この二種族のことだけは、私は丁重に扱わせて頂くことにしている。コンビニまで向かう道中、私は花形さんの上着の生地感などを非常に丁重に褒めさせて頂いた。

コンビニでたらふくの買い物を済ませてもらい、さらに丁重に礼を述べてから帰ろうとすると、花形さんは「今日はひこちゃんの家まで送るよ」と言い出してくれた。そもそも家同士がべらぼうに近いので見送り合いなどは必要がないため、そんなことはほとんどしたことがなかったのだが、せっかく申し出てくれたので「珍しいですね、どうかよろしくお願いします」と重ねて丁重な挨拶をしてみせた。そして我が家に向かう夜道を歩いていると、花形さんが「さくらももこ先生が、死んじゃったんだよ」と言った。

あ、と思ったが、余計なことは言わないでおこうと思った。花形さんのさくらももこ作品、そしてさくらももこそのものへの熱量は、松竹芸能に所属するモデルたちならばきっと全員が知っていることである。なんでそんなことをしたいねんという話だが、さくらももこ作品の写真だけをポストしているインスタグラムを熱心にしていたし、部屋の本棚はほとんどさくらももこ先生の本で埋まっていた。花形さんの家に遊びに行けば否応なしにちびまる子ちゃんのＤＶＤ鑑賞会というレクリエーションを30分程こなさなければならない、というのは、私たち松竹モデルズにとっては周知の事実であった。

「なんて言っていいか分からないと思うけど、みんなにとっての松本人志とか、ビートたけしとか、そういう存在だったんだ」夜道を歩きながら花形さんは悲しそうにそう言った。

そんな存在だったならば、それは多分、ほとんど神様みたいな存在だ。ほとんど神様みたいな存在、私にはそんな、ほとんど神様みたいな存在っているだろうか。ダイアンさんだろうか。多分、私にとってはダイアンさんだ。私は急遽ダイアンさんをほとんど神様枠に入れさせて頂き、自分に置き換えて花形さんの気持ちを推し量ろうとした。もうダイアンさんのラジオが聴けなくなる、ダイアンさんに会えないまま自分の人生が進んでいく、その喪失感を思うと、最悪だった。悲しすぎている。全く、なんと言っていいのか分からなくなった。まさに花形さんの想像は見事に的中していた。

私はそもそも落ち込んでいる人を励ます、という行為がひどく苦手である。全くうまくしてやれないのだ。しかし目の前には、手には財布を持っている、というスタイルで華麗に登場してくれる、いつも優しく穏やかな先輩が落ち込んでいる。これは本当に、より一層丁重に扱わなければならなくなってしまった。私はチャート式に様々な励まし言葉を思い巡らせた後に、こう言った。

「花形さん、ちびまる子なんて大したことないですよ」

俯いていた花形さんが「えっ？」と言って顔をあげた。

口では「えっ？」と言っているが、その顔面には若干「は？」のニュアンスも含まれていた。私はその顔を見て自らの大チョンボを察した。麻雀している時に誰よりも早くチョンボに気づくでおなじみの連れ、横田の「おチョンボやん」という声が脳内で響き鳴った。横田はいつもチョンボのことを「おチョンボ」と言っていて上品だ。私はとりあえず、間違えた時や気まずい時にめっちゃ吸う息「スーッ」を吸った。


これまで、失恋したと泣いている女友達たちには「あんな男、大したことないよ」とばかりのひとつ覚えみたいにそればかりを言うことで「落ち込んでいる友人を励ます」という苦手な状況を乗り切ってきた。しかし女の失恋と言っても千差万別、私はいつの間にか当事者の心情や状況に合わせて様々な「あんな男、大したことないよ」と言えるという「バリエーション豊富系ばかのひとつ覚え励まし技能」を取得しており、なんとなくちゃんと励ませている風に仕上がっていたのだ。そのやり口に完全にあぐらをかいてしまっていた。

花形さんはもちろん女友達でもなければ失恋ごときのそれではない。神様みたいな存在を失ったのだ。そして神様みたいな存在がこの世に遺した偉大な作品を、何もわかってないパープーな女に、失恋した女友達に向けて言う「あんな男、大したことないよ」みたいにして「ちびまる子なんて、大したことないですよ」と目の前で言い切られている。もし私が「ダイアンさんの『よなよな』なんて、大したことないですよ」とパープーな女に言い切られたら、つけたことのないナックルをつけてはちゃめちゃにどつき回していると思う。これは完全にチョンボ、笑えないチョンボである。オーラス4位なのに鳴きのミスで少牌《しょうはい》してしまい勝手に上がり放棄している奴くらい笑えない。私は常日頃から麻雀をしている時に「笑えないチョンボなんてほとんど犯罪、場がしらける、もっと取り締まりを強化すべき」とチョンボ警部の横田を煽っていたが、この時ばかりは「笑えないチョンボは笑えないチョンボ、それ以上でもそれ以下でもなし、犯罪なわけはない」と心の中で自己チョンボ弁護に徹した。

「ひこちゃん、君はなんてこと言うのよ」と花形さんはうなだれた。それはそうだ。自分にとって神様みたいな存在の人の訃報を知ったその日に、わけのわからないパープーな女に鬼電くらわされ、金や飯をせびられ、挙句の果てに「あんなもん大したことない」などと粗暴な台詞を吐き捨てられているのだ。全くもってただの不憫な男である。こうなれば花形さんも花形さんで異常に運が悪いのではないか。悪いのはチョンボしくさった私ではなく、異常に運が悪い花形さんなのではないかとすら思えてくる。

「花形さんは運が悪い方ですか？」

「悪いと思うよ」

「そんな感じします」

「なんなの？」

詰め寄ってはくるものの、やはりいつもよりすごく元気のない花形さんに、これ以上、私の粗雑な言葉でチョンボ肥料を浴びせてその悲しみを肥大させるわけにはいかないと思った。でも財布を持って登場してくれるスタイルの花形さんのことは丁重に扱わなければならないし、花形さんが元気がないのは私も少し寂しいものがあった。花形さんのことを粗暴なチョンボ女では救ってやれない。では誰なら救えるのだろうか。私はしばらく考え、辿り着いたのはあの女しかいなかった。

「花形さん、ちょっとちびまる子ちゃん見ませんか」

「ああ、そうしようか」

私は花形さんに買ってもらったものを一旦ひょうたん山や八尾で生まれた乾燥肌の男女たちの元へ置いてから、そのまま花形さんの家に再度向かった。

私たちは花形さんの家に行き、小一時間ほどちびまる子ちゃんのDVDを観たり、漫画を読んだりした。DVDを観ながら花形さんは少し泣いていて、私はその姿を見て「どこが泣くことあるねん⁉」と何の思いやりもなくげらげらと笑ったのだが、その後なんとなく手に取ったちびまる子ちゃん3巻に収録されている上京物語を読んだ際に、咽ぶほどに号泣してしまい、今度は私が花形さんに「ほらね」などと言われながら何の思いやりもなくげらげらと笑われる羽目になってしまった。

朝方になり、これほどまでにちびまる子を浴びたことがなかった、ちびまる子まみれになった私が「お邪魔しました」と花形さんの家を出ようとした時、花形さんが「ありがとう、偲べたよ」と言った。偲ぶ、という概念がいまいち無かった私ではあったが、偲ぶ、偲べた、偲び、なるほど、と思いながら、息を止めて帰路についた。家に帰ると、ひょうたん山で生まれた女がリビングで寝ていて、つけっ放しのテレビにはちびまる子ちゃんが楽しそうに台所でお母さんに何かを喋っている姿があった。偲ぶ、という言葉を、反芻せざるを得なかった。


翌日、私とひょうたん山で生まれた女は、夜十時頃、リビングで一緒にそうめんを食べていた。

「そう言えば昨日、花形さんの家でまる子の上京物語読んだんですけどめちゃくちゃに泣きました」

「あれええよな、私も泣いたわ。また読みたいな」

ひょうたん山で生まれた女は、自分は既にその道を通り終えているというアピールをしっかりしてきた。

「昨日、つるちゃんテレビ観てましたけど、あれは偲んでいたんですか？」

「偲ぼうと思ってたんやけど、すぐ寝てたわ、偲びきれてないね」

そう言われてしまっては、私も四国で生まれた粋な女である。花形さんという男の説明を改めてし、これからその花形さんと会わないかと、つるちゃんに持ちかけた。


数時間後、今度は花形さんが我が家のリビングにいた。花形さんとつるちゃんは初対面であったが、さくらももこ作品の話題で盛り上がり、意気投合していた。私があまり詳しくないので二人のオススメの作品を見たいと言うと「え、それはやりがいがあるなあ」と楽しそうに色々と提案してきて、結局『大野くんと杉山くん』という映画の回を観せてもらった。私たちはそれを観ながらたくさん笑ったり、少し泣いたり、腹が減って途中からパンを食べたりした。ちびまる子ちゃんってこんな面白いんですね、と言うと、二人は、「そうなの、本当に、ユーモアが凄いんだよ」、と、言っていた。それから、また別の作品の話を聞かせてもらったり、つるちゃんが持っていたさくらももこ特集本みたいなのを読んだり、お互いをさくらももこタッチで似顔絵を描いてみたりした。つるちゃんが描いた私は、さくらももこタッチでもなんでもない、それに寄せようとする気配すらない、ただの富士額の女だった。信じられなかった。

ひとしきりまる子談話で盛り上がったあと、花形さんが「ありがとう、偲べたよ」とまた言った。偲ぶ、という行為がそれ程までに重要な事なのかもよく分からないし、偲べた、と言いたいだけなのではないかと言う一抹の疑いも出てきたが、感謝されているしまあいいかと思い見過ごした。つるちゃんもとても楽しそうに私を描き直していた。何度描き直しても、この世の誰のタッチでもない、ただの富士額の女しか出来上がっていなかった。信じられなかった。

「ところでひこちゃん、お金、大丈夫なの？」

花形さんが唐突にそう言うので、大丈夫なわけないんですよ、と嫌な顔をして見せた「あ〜お金欲しいなあ、私もコミックエッセイ描いてみようかなあ」とナメたぼやきを発すると、何とも育ちの良い二人である、「いいじゃんそれ！　やりなよ！　絶対向いてるよ！」とキラキラしながら言ってくれたのである。更にその対象と言えば、恐ろしいほどに単純な私なので「えっ？　絶対向いてるん？　そう？　やろうかしら？」と猛スピード急上昇でまんざらでもなくなったのであった。でもどうやればいいのか、などと言っていると、花形さんが「ｎｏｔｅっていうのがあるよ」と教えてくれた。

私たちは同時にｎｏｔｅを登録し、それぞれが書き記していく内容などを考え合ったりした。花形さんはカレーが好きなのでカレー日誌を、つるちゃんは詩を書くのが好きなので詩を、私はコミックエッセイは一旦置いておいて、とりあえずこの日のことを書いてみよう、ということになった。

そういうわけで、私はｎｏｔｅを更新するために、エッセイ的なものを書き連ねることにし始めた。つまり始まりは「お金を稼がなければ」というところからである。品性に欠けてはいるが、背に腹は代えられない。ぼろは着てても心は錦だとしても、腹が減れば立ってはいられず、そんなのはただ「ぼろを着てへたり込んでいるだけのやつ」になってしまうのである。「私のエッセイ売れたらいいなあ」とぼんやりと言うと「売れるよ！　絶対に売れるよ！」と、育ちの良い二人がまたキラキラしながら言ってきた。こんな両親だったら褒められて健やかに才を伸ばすことができただろうか、もしくは勘違いの甘ったれお嬢になっていただろうか、それ以前に、なんとなく、食べ物の好き嫌いが全く無い子に育ちそうである。

「まるちゃんくらい売れりゃなあ」と乱暴な引用をして言うと、つるちゃんがこう言った。

「なんぼ売れても、この世は、まるちゃんと、まるちゃん以外やで」

まるちゃんと、まるちゃん以外？　その真意はちょっと測りかねるものがあるものの、とても腑に落ちる言い草であった。まるちゃんと、まるちゃん以外。あなたと、あなた以外、私と、私以外、そういう単純さが、とても良いなと思った。私はもうすっかり作家モードに突入し「それ頂きますかね」としたり顔でメモした始末である。


こういった経緯で、エッセイというものに挑戦する瞬間が始まったのである。お粗末様であろうが、一つ最後までお付き合い頂ければ、みつやで駄菓子を爆買いしてしまうほど喜ばしいことである。

宇宙

今でもはっきりと覚えている。

1996年、私は当時5歳、家の近くの公園で補助輪の自転車で遊んでいた際に派手に転んで沼に落ち、顔と身体の右側が全てすり傷でいっぱいになったのに、泣きもせず沼から自力で出てきたことで、武骨な少女として一気に近所に名を馳せ、しばらく経つと「生意気でかわいい」という理由で法事などでは独特のファン層を獲得していた時代である。

その年、私は、一年というのは、1996、なのじゃないかと疑ったことをしっかり覚えている。一年は365日だけれど、この一年は1996なので、1996をなぞっていると考えた。

1月1日は、1996の1の先端で、つまり1996を12等分して12ヶ月分になり、私たちは1996の上を歩いていくという理論である。6の最後が12月31日だ。1997なら、7の下のところが12月31日。私は家のリビングで、カレンダーを見ながら、はっと気づき、今気づいたことを忘れないでおこうと、繰り返し定期的に思い出す癖をつけていたことで、31歳になった今でもしっかりと覚えている。

5歳でも自我はあり、思想があり、宇宙を持っている。自分だって5歳の頃はそんな風に考え、10歳の頃はまた別の何かをテーマに自我思想宇宙を繰り広げていたはずなのに、子どもを前にすると、自我思想宇宙など持ち合わせているわけもないとたかをくくっている。

その頃は、通っていた絵の教室の先生が好きだった。

デッサンの回は嫌いだったけれど、真っ白なキャンバスになんでも描こうという回はお気に入りの時間だった。私が何を描いても先生は目をまあるくして驚いたあとに、たくさん笑って、それから、いろんな質問をしてくれた。「変わった絵を描いていて良いね」、と褒めてくれ、誰とも同じようにしなくていい、同じようにならなければならないほど先生は楽しそうに絵を見つめてくれる、そんな時間が何よりもとても気楽だった。

小学生にあがると、それなりに小さな社会生活を全うすることを覚えながらも、相変わらず絵を描いたり本を読んだりしながらマイペースに、それはもうのんきに、小学生人生を謳歌していた。小学生の頃に出会った先生は、授業中、落書きばかりしていた私のノートをつまみあげ、「鉛筆だけでこんな描いたんか、変わっとるのう。こりゃたまげたもんよ」、と、笑ってくれた。私には私の自我思想宇宙があったので、自分は天才になってしまうのではないかという緊張と喜びの海に浸かり続ける幸福な期間だった。

ところがそんな淡いはちみつのような海はどこまでも続かない。中学生にあがれば人生において初めてとなる最難関「みんなと同じように振る舞った方がいい」という目に見えない、誰も言語化していない、けれど確かな圧力としてそこに存在するそれが待ち受けていたのだった。この場合の「みんな」とは「友達グループ」であったり「教室」であったり「放課後」や「クラブ活動」であったりとさまざまなのだが、私はとにかく「みんな」と同じように同じことをするということが不得手だったが、それを言語化できぬまま、なんとなく、同じように振る舞ったほうがいいのだろうとぼんやりと理解していた。

ある時「みんな」のうちの誰か一人が「みんな」でお揃いのキーホルダーを通学かばんにつけようと提案し、「みんな」が賛成し「みんな」で買いに行くことになった。でも私はそのキーホルダーが全く好きではなかったし、自分が今つけているキーホルダーの存在感が通学かばんにおいて薄まることが嫌だった。他のやつを付けたら今のやつが目立てへんくなるやんけ、と不服だったのだ。でも、不服だとは言い出せなかった。今思えば「みんな」など存在しなくて「みんな」も嫌だったりしたのかもしれなくて「みんな」も言い出せなかったのではないかと考えることもある。それはもう遠い昔の話で、もはや確かめようのないことではあるのだが、どこか信じるみたいにしてそう思い込んでいる。

なるべく教室で浮かないように、目立たないように、あれほど数年前まで「変わった子」だと呼ばれていた私が「変わった子」だということに気づかれないように、とにかく「みんな」と同じように振る舞うことがその頃の私の努力だった。学生時代のことを思い出すと、やはり「みんな」とは同化できなかった苦しみも付随して思い出されてくる。学校の同級生たちはヴィトンの財布を持ち、ディオールの筆箱を使い、放課後はアフタヌーンティーでケーキを食べようと提案するような女の子が多かった。無論、私も同化しようと取り組んだ経験は前述したようにあり、興味もないどころかそれが何だかさえよく分かっていないのに、鮮やかなオレンジのエルメスのショップバッグに体操服を入れ、みんながかっこいいと噂をする色白で細身のか弱そうな王子様のような男子をみんなと同じようにかっこいいと一応言い、クラスメイトたちがキモいと笑う地学の老齢の先生のことを一緒になって笑ってみたりもした。でも私は地学の授業が一番好きだったし、今でも天文学が好きなのはその先生の授業が面白かったからだろうと思うけれど、ついぞそんなこともまともにその先生に伝えられないまま、彼は数年前に亡くなってしまった。

そういった全力同化チャレンジは早々に面倒になってあっけなくやめてしまった。とにかく性分に合わなくて疲れてしまったというのもあるのだが、これは幸運だったとしか言いようがない、なんと私は学校以外の友人たちに恵まれていたのだった。

幼い頃から私をよく知る幼馴染なんかは、私が臭くなった体操服をエルメスのショップバッグから取り出している姿を見て「なんしよんそれ」と笑いをこらえきれていなかったし、アフタヌーンティーで小さなケーキを丁寧に食べるよりも、バイト先で出会った学校の違う友人たちと行くロッテリアでがさつにハニーマスタードサンドを食べるほうが居心地が良かった。クラスメイトは誰一人として聞いていなかったブラックマヨネーズさんのラジオを自分と同じように面白がって聞いて一緒に笑う友人たちが、教室の外に多くいてくれたのだった。これは私の人生において最も幸運なことの一つだった。いつからか私は、教室は教室としてそういう組織であり社会であるのだという風に自分の中で分別し、別にここで同化しなくたっていいのだと早い段階で気づくことができていた。

人間というものはその環境において円滑に居られるよう、つまり心地よくその場に居るために本能的に自分の在り方を変化させていくものなのだと、大人になってから読んだ本に書いてあった。私にはそういった本能があらかじめ備わっていないのかもしれないと不安になったものだが、適応することが正しかったり、正しくなかったりするわけではないと考えている。適応できるならば適応する方が自分のために良いものだし、適応できなくとも殺されるわけではない。二人きりの時ならば同じような感性で喋ってくれていたクラスメイトの女の子たちが、「みんな」の一部になると「みんな」の圧力によって発言をころころと変えるところも何度も見てきた。それに対して憤りや悲しみを覚えた記憶というものはなく、いつの頃からか、社会でうまくやる、ということは、きっと、そういうことなのだろうと、そしてそれは、自分自身を守るために最も必要なことのひとつなのだろうと、雑に腑に落としていた気がする。

中学時代の全力同化チャレンジを通して、やはり無理をしたり嘘をついてまで縋《すが》るものなど何もないということがよく分かった。縋ったところで、そもそも無理をしたり嘘をついたりしているのだから楽しいわけがないのである。そういう意味で、きちんと全力同化チャレンジに取り組んでみて良かったと思うのは結果論でしかないが、とにかく「自分が出来ないこと」というものが明白になったという点ではとても重要なチャレンジであった。それからは霧が晴れたように、自我思想宇宙に没頭していた頃のように楽しく好きなように毎日を過ごすことに明け暮れていた。そのうち町の人たちは私を「不良」と名付けたり、今度は顔をしかめながら「変わった子」と呼んだりしていたけれど、いつからかそんなことは本当にどうでもよくなった。私がしたいことをして、それにどんなシールを貼り付けられようが、お構いはなかった。それよりも、そのシールに怯えて楽しいと思うことを捨てていくことのほうが、私にとっては悍ましいことだったのかもしれない。

学校の同級生の中には私を腫れ物のような存在にしたてあげ、面白おかしな噂を振りまいて暇つぶしをしていた子もいたけれど、それさえ全く辛くなかったのは、私が学校という社会そのものに依存していなかったからだろうと考える。だからこそ学校というものを憎むこともないまま、なんだったら学校は学校で、学校の友人たちも友人たちで、それなりに嫌いじゃない、という状態で青春時代を過ごすことにさえ大成功した。私の学校はたまたまこういうものなのだと、なんだか割り切った大人の関係的なものを築くことが出来ていた。それは全て、確固たる自分の居場所がそこではないところに存在してくれていたからである。

それから私はひょんなことから「女芸人」と呼ばれるようになり、今ではなんと「ヒコロヒー」などという、てきとうに付けた名前の後ろに「様」なんてものまでくっつけて頂いて呼ばれてしまうことだってある。もしかしたらこの先の人生で、さまざまな瞬間で、私がどう呼ばれるのかということは変化していくのかもしれない。誰かは私を恋人と呼び、誰かは私をお母さんと呼ぶ未来だってくるかもしれない。ないしは誰かは私を犯罪者と呼び、誰かは私を被告と呼ぶ瞬間がくることがあったっておかしくはないのだ。でもそれが何であろうと、私は厭《いと》っていくつもりは毛頭ない。ただ、あの頃から自分の頭の先の方に滞在し続ける自我思想宇宙の中で浮遊していきたいだけである。

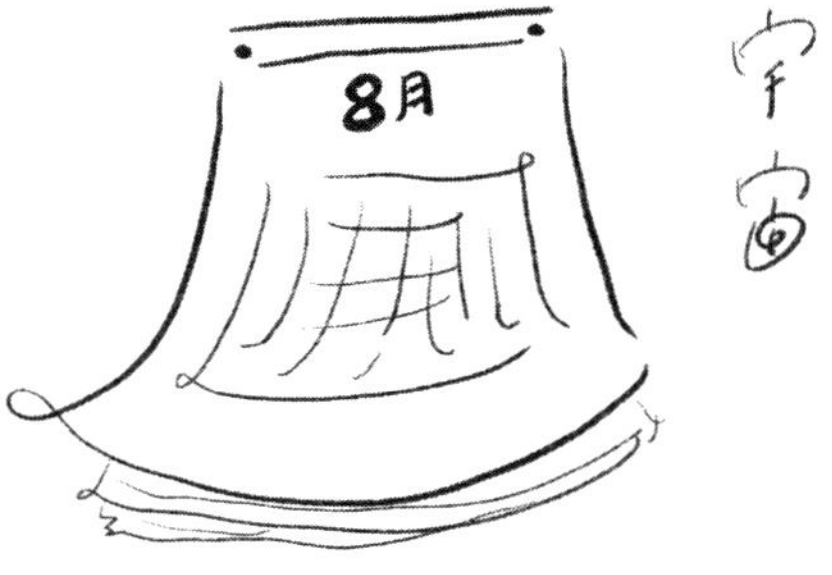

方言

島国の中の島国、ギリギリ日本でおなじみの四国の片隅の生まれである。坂を登れば山、坂を下れば川、沿って走っていけば海、というのどかな温暖地域で、みかんと魚ばかりを食べながらのびのびと幼少期から青年期を過ごしてきた。四国を豪快に飛び出し、モウカリマッカ・オーサカというカネのことをゼニと呼ぶ人がたくさんいるエリアへと単身で移り住んだのが18歳の頃である。

大阪で暮らし始めて2日ほど経った頃、初対面の大阪の人間に「自分、ほんまめっちゃ訛ってるなあ？」と言われて「お、お前もやんけ……!?」と衝撃を受けたことをよく覚えている。

生まれ育った町の言葉は、一般的な田舎の方言よろしく独特であった。中国地方のそれとも、関西地方のそれとも違う、四国の片隅の言葉というものが完成されていた。ところがきっと、西の言葉は、西の言葉としてどれも一緒に思われるのであろうということにも気がついている。実際に私はよく関西出身だと思われる事が多々あり、確かに大阪での生活が長かった事もあり、関西弁が混じっている節はあれど、私が話しているのは基本的に伊予弁と呼ばれる故郷の言葉である。郷土愛が特別にある訳ではないが、なおそうと思った事もなければなおせと言われた事もないので、ずうずうしくも大都会トーキョーを四国の妙ちきりんな言葉でふらふらと生き抜いている。

難しいのは、同じ言語を持たない、という事が、コミュニケーションにおいて齟齬を生む瞬間も多いということである。大阪で「あほ」は親しみを込めて言う軽口だけれど「ばか」にはわりと蔑んでいるようなニュアンスが含まれていて、そう言われると大阪の人はムッとする、しかし東京の人は「あほ」の方がムッとする、つまり真逆だ、というのはよく耳にする話である。

これは、もう、それぞれのくにの人間が持つ「言語」が違うということなのだろうと解釈している。その言葉が持つ意味が違うので、そうなるともうそれは、同じ言語を有している事にはならないのだ。

私の地元の言葉で、友人たちとも軽く交わし合う言葉で「なめとるやろ」というものがある。これは大阪の金融屋が期日までに返済しない債務者に対して怒鳴り散らす種類のあれでも、東京の女性が恋人の浮気現場にでくわした瞬間に静かに言う種類のあれでもない。私たちのそれは、ほとんど意味を持たないほんの軽口であり、冗談でもあり、それを添える事によって前の一文が少しまろやかになるようなニュアンスの、大皿の端にちょこんと盛られてある、あってもなくてもいいマヨネーズ的な言葉である。

「今日タクシー乗ってここまで来たんよ、なめとるやろ」「あんたそんなミニスカート履いて、なめとるやろ」「あの店セールで80％オフやって、なめとるやろ」みたいな、本当になんの意味も無い台詞なのだ。しかし東京に来てそれを使うと「あ……なめてないです……」と恐れられたり「え？　怒ってるんですか？」と緊張感を生んでしまう瞬間が千度あったので、そのうち煩わしくなって使うのをやめた。そんな風にして「使用後、発生する齟齬が面倒だからお江戸では封印した言葉」はごまんとある。

暮らしている土地で、その環境で、細やかなニュアンスが伝わらない言葉や、誤解を招く恐れのある言葉は、積極的に使おうとは思わない。とはいえ生まれ育ちというのは恐ろしいもので、今でもぽろりと誤解を招くような「言語」で話してしまう瞬間だってざらにある。その都度、相手や周囲の反応に慌てたり気が滅入ったりして、ああ、そういう意味じゃないのになあ、と、なんとも言えない気持ちになる事もしばしばである。

だからこそ、見事な標準語に仕上がっている地方出身者には余計に感心させられる。私が東京に来て発した言葉ランキングベスト20のどこかには「えっ⁉ 岡山出身なん⁉」が確実にランクインしている事と思う。地域は広島でも山口でも大分でもどこでも良いのだが、こぞって綺麗な標準語を披露しているのに、いざ出身地を尋ねると大地方だったりする。いやめっちゃ標準語やん、と驚いてみせれば、皆が口を揃えて「上京した時ばかにされたから……」と訳を話す。何に努力を惜しむかで、その人の人柄がなんとなく分かるものであるなあと思ったりもしている。

さてそんな方言に関して、「全然、べつにいいけど、ちょっと煩わしい感じ」の事が二つある。一つは、方言まるだしで話しているとどこからともなく巻き起こる「方言かわいい」というあれである。

何をかわいいと思うかという感性は好きにしたらよろしいが、それを言われた方言サイドの私は、そこからの方言チューニング作業にあくせくするはめになる。ここで更に方言を使って「いや、気い良くして乗っかってきてるやん？」と疑われるのも本望ではないし、かといって直後に方言を封じて「いや、全然流れ分かってへんやん？」と思われるのも癪である。なので大体いつも、その流れになると「周囲の方言レーダーに引っかからない程度の方言」をかなり意識したチューニングをし「ちょうどの方言」で話す事が向こう30分間の目標になってしまう。

他人の方言をラブリーだと思う人も、田舎くさいと思う人もいるだろうが、そんなのは心の中で存分に思って頂ければ、こちらは大変に助かる。もちろんこんな状況は今後の人生できっと避けられない事も、それが使いやすい台詞である事も百も承知なので「全然、べつにいい」のだが、私のような神経過敏な人間にとっては苦労の素だ、と、心の中で存分に思うだけには留められていない。

もう一つは、方言サイドへの苦言である。明らかな方言を使い、周囲が「何それ？」と尋ねると、「え？これ言わん？」と言ってくるあれである。これが、明らかな方言でないならば何も思わないところ、もうどこからどう見ても明らかな方言を使用した上で「え？」ととぼけてくるのが、なぜお前の茶番に付き合わねば⁉という気になってしまう。

例えば皆でラーメンを食べていて「このラーメンどちゃみそにむつこい」と言っておきながら「え？」となる周囲に対し、「ん？　どちゃみそにむつこい、って、言わん？」と真顔で言うのだ。言うわけがない。2秒考えれば分かる。標準語の概念がインドである。そして大体この手のタイプはこの会話を皮切りに「俺の田舎では」とか「私の地元、言葉汚くて」とかどうでもいい故郷話を始める。これを私は「方言餌撒《えま》き」と呼んでおり、明らかな方言、という餌を撒き「え、それ何？」と餌に食いついてしまったが最後、一旦とぼけられるという無意味なポーズを見せられたあと、尋ねてもいない故郷についてしっぽりとしばし語られるという全く謎の時間を過ごすはめになる。大したことはないのでこれもまた「全然、べつにいい」のだが、妖怪方言餌撒きに出くわすたび、ああまたこれか、と、時が過ぎていくのをただ待つしかない状況にやや憂いを感じることもまた事実である。

とはいえ基本的に故郷の言葉を話す人は好きだ。というか全国津々浦々の知らない言葉を知れることは幾ばくか楽しさも含んでいる。さらに自分の地元の言葉というのは不思議なもので、どんなに雑多な街の中でも、それだけは明確な輪郭を持って宙に浮かびあがってきて、さまざまな雑音を掻き分けて、するっと耳の中に入り込んでくるものである。あ、同郷の人間がいるな、とは、すぐに分かるもので、唐突にそこに親近感と安心感が生まれる。勝手に心の中で（がんばろな）などとグーサインを出して励ますことも忘れない。故郷の言葉を用いるという事は、己がどこで暮らしていたのか、ひいては何者であるかを表明することでもあるのだろう。私は多分この人生で「へえそうなんだ！　すごいじゃん」とか「何言ってんだよ！」とかを使うことは無く、私の人生は、これまでもこれからも伊予弁の人生なのである。

こうしてつらつらと方言について書いてみればなんだか故郷が恋しくなってきたような気もして、いや待てよ、そんな故郷にええ思い出なんか別にありゃあせんのに、ほうとうええかげんなもんやわい、と、鼻で笑いたくもなる。少女の時代、よく海の近くで良くない事などをしては漁師のおいちゃんたちに見つかり、ギャンギャンにしばかれていた、あの時に必ず叫ばれていた「なんしよんぞ！」が、良い思い出なんかひとつも持たないその言葉が、それでも恋しいとは、なんだかおかしなものである。

タイムリープ

もし超能力をひとつだけ使えるとするならばどの能力を得たいだろうかと考えれば、瞬時に答えが浮かぶ。タイムリープ一択である。私は何かに後悔すると、すぐに「くっそ、時間を巻き戻したい」などと思う性質があり、巻き戻したすぎてインターネットを駆使して「時間　巻き戻す　方法」とかで調べたことさえある、その筋の経験者である。検索してヒットしたのは何やら自分の血と何かの血を混ぜなきゃいけないとか、夕方にどこどこの神社に行かないといけないとか、気味の悪いものばかりだったので検索ワードを「時間　巻き戻す　簡単」とか「時間　巻き戻す　ノーリスク」などのローカロリー重視で調べだして、すぐにローカロリーを求める自分のたちに嫌気がさしてやめた。

分かっているのだ。どうあがいたって、時間というものは、絶対に戻らない。だからこそ、タイムリープという能力でこの絶対的な不可能を可能にできたならば、ああ何をしよう、どうしよう、と、空想は楽しくなり、放っておくとどこまでも広がっていく。

もし時間を巻き戻せるなら、私はまず学生時代に戻り、とにかく勉学に励んでみたい。というのも、こんなに清純で純潔なイメージのみで芸能界を駆け上がっているあのヒコロヒーが、まさかと信じられないことと思うが、私は本当にひとつも勉強をしない学生で、授業も出たり出なかったりだったので出席日数は常に全く足りていなかった少女であった。あんなにカルピスやサイダーの清涼飲料水のコマーシャルで清純派として爪痕を残したことで芸能界を駆け上がっているあのヒコロヒーが、と落ち込ませてしまうかもしれないが、私は高校は余裕で留年してもおかしくなかったくらいだったところ、教師たちの「こんな奴の面倒は来年も見たくない」という強い気持ちによる一致団結で、数々の救済措置を施された結果、しれっと卒業できたくちである。毎日毎日、みんなが勉強している間も私はだらしなく遊び呆け、勉強をする事の苦労も、喜びも、知る事がないまま私の青春時代は終わっていった。

学生時代に戻れるものならば、毎日きちんと授業を受けて、放課後は自習室にリプトンのミルクティーを持ち込んでせっせと勉強をしてみたいという憧れのような願望がある。塾というのか予備校というのかよく分からないけれど、東進ハイスクール的な所にせっせと行って、そこにもまたリプトンのミルクティーを持ち込んで一心不乱に勉強をしたい。勉強に向き合い、定期的に真剣に模試に取り組み、その判定に一喜一憂したりして、学生時代に勉強することで得られる苦労も喜びも少しずつ知っていきたい。バスを待つ間も単語帳をめくり、バスに乗っている間も単語帳をめくり、喉が渇いたらやっぱりリプトンのミルクティーを飲んでみたいのである。

そうして勉強をめちゃくちゃ頑張った結果、私は晴れて志望大学に合格し、華の女子大生デビューを華麗に飾る。女子大生として、女子大生らしく、何一つ斜に構えず、まっすぐきらきらしたテニスサークルに入り、まっすぐ友人達と話題のパンケーキを食べに行き、まっすぐひとつ上の代の先輩と付き合ったりするのである。

就職活動が始まり、こちらも受験時期と同様に懸命に取り組み、企業研究に勤しんだり、エントリーシートを記入したりする日々の中、ふと入ったコンビニでリプトンのミルクティーを見かけて猛烈に懐かしい気持ちになったりする。

でももうリプトンのミルクティーは飲まない。私が手に取るのはマウントレーニアのカフェラテだ。コンビニに陳列される飲み物で自分の成長を感じ取ったりさえするのである。就活も悔いなく頑張り、見事に社会人デビューを果たした私は、幼い頃からの夢だったラジオ番組の制作の仕事に就く事ができた。

毎日好きな事に携われている事が幸せだけれど、大変な事も、失敗する事もある。しかし尊敬する上司や先輩に指導して頂きながら、楽しい同僚たちと励ましあいながら、少しずつ職務を覚え、キャリアを積んでいった。社会人になって5年目の春、なんと特番のディレクターを任せてもらえる事になった。この番組で面白いことをしたい、面白いものを作りたい、どうしたらいいものかと、あの頃の受験勉強のように日夜せっせと考え尽くし、悩み抜き、ある時、私は閃く。

スポットは当たっていないけれど面白い芸人さんを起用するのはどうだろうか。

もともとお笑いは好きであるし、面白い人と仕事がしたいと思ってこの仕事をしているのである。すぐさま企画書を入念に書き起こし、お笑い色の強い番組にしてみたいと上司に伝えると「いいよ、やってみな」と言ってくれ、番組企画は決定した。

芸人さん、と言っても、詳しくは知らないので、オーディションという形をとらせてもらう事にし、各事務所に案件の連絡を回し、適している芸人さんを提出してもらった。そうして、私が審査させて頂くオーディションの日がやって来た。それぞれに2分以内のネタを披露してもらい、その後、質疑応答などをする。芸人さん達はみんな熱意があり、信念があり、面白かった。知名度こそなければど、本当にみんな輝いているように見え、素敵だと思った。

「ハァ、芸人さんてみんな面白くて困っちゃうね」

と後輩のADに声をかけたところで、またドアをノックする音が聞こえ、どうぞ、と言うと、失礼します、と言って芸人さんが入ってきた。

それは一人の女性で、髪の毛のキューティクルがほとんど絶滅していた。同じ女として考えられないくらい絶滅していた。私はどんなに忙しくても月に一度は美容院へ行っている。女性の髪というのは身だしなみであり、ダイヤモンドと匹敵するほどの極上のアクセサリーであると考えているからだ。更にその女性はスニーカーの靴ひもを結んでおらず、着ているTシャツの首まわりもだれており、とてつもなくだらしない印象が強く前面に押し出されていた。

「おねします」と低い声で放ったその言葉は、今までの元気で明るい、はつらつとした芸人さんたちと比べると声のデシベル数も壊滅的だった。それから、コロロだかロココだかよく分からない事を叫んでから短いコントを披露していた。呆気にとられるうちにネタは終了し、質疑応答となり、彼女は、ラジオが好きで、とか、ラジオ出たいためのライブもしていて、とか言っていたけれど、そんなものは全部嘘だと思った。それに気味も悪い。怖い。プロフィール欄を見ると、高卒だった。

大学受験しなかったんですか、と尋ねれば、したんですけど、そのための勉強とかは全然せずでした、大学も途中で辞めました、勉強してこなかったので学校というものが難しかったです、と、ぼそぼそと語っていた。勉強してこなかったとは何事だと思い、聞けば出席日数もぎりぎりで高校卒業し、大学受験も運のみでいけたらしかった。信じられない。話が合わない。もう終わりにしようと後輩のＡＤに目で合図を送った。するとと後輩のＡＤがその合図を勘違いしたのか、無理やりその女性に質問をしだした。

「えっと、その、あの、大学受験って、どんなイメージですか？」。

なんという不毛な質問だ。これに彼女が答えたら、ありがとうございましたと言って終わりにしよう、そう考えていた。彼女は、うーん、と少し悩んでから、アッ、と何かを思い出したように呟いてから、こう言った。

「なんか、アホみたいにリプトンのミルクティーばっか飲んでますよね」

女は、へへへ、と笑っている。なんなんだこいつは。こいつは、こちら側の世界を知らない、学生時代に勉強をひとつもしてこなかった、脳みそすっからかんの女だ。どうせ足りてない出席日数も大人たちの温情だけで卒業できたくちだろう。いい加減にしてくれ。私は、すぐに、ありがとうございました、と言って彼女を部屋から追い払った。あんな女、もう二度と見たくない。特番のパーソナリティは、森本サイダーに決まった。

岐阜営業

営業で岐阜県に行った。都内から2時間半ほどであっという間に岐阜県は美濃太田という聞き慣れない土地に着き、駅から出て、広大な空の下にあるがらんとした殺風景な広場を見た瞬間「初めての場所にやって来た」という興奮が足元から脳みその方へ向かってぐわっとやってきた。

私は地方へ赴く仕事がものすごく好きだ。何と言っても移動時間に罪悪感なく映画を観たり本を読んだりできる事が素晴らしい。普段なら娯楽に興じるにも（ネタや締め切りのものも考えずにこんな事しててええのか）という鬱陶しい思考が脳裏にへばり付いていけないのだが、移動時間というのは何をしたって「有意義な時間の使い方」に変換される気がして有難い。それに日本のあらゆる土地にはあらゆる歴史と文化があり、それをこの目で見て感じる事ができる事も大変に楽しい。日本中に散りばめられている「自分にとっての初めて」を拾いに行くような感覚にも似ている。何とも素敵な仕事、ザ営業である。どうにかしてザ営業ばかりして生きていきたい。

美濃太田には現地スタッフさんが車で迎えに来てくれ、その車に乗り10分ほど走ったところで会場に着いた。この10分間で、私が突如とんでもない車酔いをするという絶体絶命系のサプライズピンチも訪れたが、独自の呼吸法を繰り返すことでどうにかかし、車酔い女としての地肩の強さをスタッフさん達にお見せする事にも見事成功した。会場では現地の皆さんが暖かく出迎えてくれ、控え室には岐阜ならではのおかずが取り揃えられた幕の内弁当が用意されていた。これなのだ。地方の仕事で本当に嬉しいのは現地の方々のお心遣いをダイレクトに味わえる事である。私は何も幕の内弁当を味わえる事にぐっとくる訳ではない。訳の分からない女に、土地の幕の内弁当を食べさせてやろうというおもてなしの心にぐっとくるのである。

この日、一緒に営業にやって来たのは同じ事務所の紺野ぶるま（すけべな人妻）だったのだが、彼女とは旧知の気心知れた関係のため、非常に楽しいムードで控え室を過ごせた事も満点大笑いだった。私たちは解体されたばかりの刺身を食べたり、弁当を食べたり、バックナンバーとクリープハイプの見分け方を考えたりしていた。

あっという間に本番となり、私は青年実業家と呼ばれる方たち１００人くらいがお酒を楽しんでいる宴会場のど真ん中に用意されているステージに「こんにちはー」と登場した。ど真ん中なので、四方八方に青年実業家たちがおり、３６０度くるくる回りながらなんやわあわあと喋り、最後にヒッコロロコントを披露した。宴会場における「なんやわあわあ」は何だったら得意な方だと思っているのだが、宴会場における「ヒッコロロコント」の心許なさといえば他ない。数々の人生の瞬間を共にしてきたヒッコロロコント、私の心強い最高の相棒であるヒッコロロコントは、宴会場というご陽気リズミカル会場では一変して気弱な存在になってしまう。しかしそんな事に心砕かれる程、私とヒッコロロコントはやわな信頼関係ではない。

ヒッコロロコント、かよわくて繊細な君よ、すまんけどいくで、という気持ちで、しかしもちろん抜かりなく、私は毅然とした態度でヒッコロロコントを披露し、オチ台詞をスマートに言い、ありがとうございましたと優雅に挨拶をした。すると次の瞬間、宴会場中が「イエエェェーーイ‼　フウー‼　ヒュウー‼」と大盛り上がりを見せた。まるで有名バンドが一曲歌い上げた直後のサマソニみたいな盛り上がりだった。

「いや私のコントそういう盛り上がり見せるタイプのやつちゃうねん」と言っても、宴会場中は「イエエェェーーーイ‼」と更なる盛り上がりを見せていた。ここまできたらほぼ裏笑いである。岐阜までのこのこやって来て青年たちに裏笑いをされることになろうとは思ってもいなかった。思わず、特に盛り上げていた青年を指差し「いや君、コント聞いてなかったやんか」と言っても、彼は御構い無しで「イエーイ‼　ヒュウー‼」と言っていた。勝手な盛り上がりである。彼のこの能力だけを買い、フェスなどでややスベってしまったバンドマンたちを相手に商売でもしようかと思うほどであった。

すると別のところから「面白かったです！」と、ようやく聞き取れる日本語が聞こえたので、即座にそちらを振り向き「ありがとうございます」と言うと、そちらの彼が続けて「よっ‼　エコロジー‼」と、私ではなく何か環境的なものを持ち上げていた。更に彼の声量のせいで「あいつはエコロジーだ」という噂が瞬く間に広がり、会場の至るところから「エコロジー‼　ヒュー！」という声援を頂いた。エコロジーに対する声援を私が受けてもいいものなのかは本当に定かではなかったが、こんな機会も無いだろうと腹をくくり、最終的にはエコロジーとしてたくさんお礼を言わせて頂いた。

本番を終え、私の様子を見ていたぶるまが「ヒコちゃんのコント終わりの盛り上がり何だったの⁉」と言っていて、私も一緒になってたくさん笑った。本当にのりのよい宴会場の皆さんで、とても楽しい経験だった。

また行かせて頂く機会があるのならば、是非また私をエコロジーだと言って異常な盛り上がりを見せて頂きたいところである。

あっという間に会場を出なければならない時間になり、私たちが会場を出ようとすると青年実業家の方達がたくさんロビーにいらっしゃり、お見送りまでして頂く形になった。営業のお仕事をさせて頂き、その会場を離れるたびに、そこで出会った方達と次会えることはあるのだろうかと考える。たくさんの笑顔と声援で送り出して頂き、みんな私のことはしっかりとエコロジーだと思ったまんまだったけれど、とても有難い気持ちでいっぱいになった。営業先に行くといつもそうなるのだが、今回も例に漏れず、岐阜県、そして美濃太田というところを、とても好きにならせてもらった。出会う人たちのおかげで、好きになることができるのである。

帰り道にぶるまと「こんな仕事ばかりしたいね」と喋っているうちに、どこに行きたいかという話になって私たちは沖縄だと結論づけた。営業担当の社員さんに「沖縄の営業はないのか」「できれば春」「できれば5人くらいで」「沖縄で営業があれば君もオリオンビールが飲める」などと雑に詰め寄り、最初は社員さんもアハハと笑ってくれていたが、最終的には彼女にしっかりと「ありません」と断られるに至った。「できれば春」が常軌を逸した図々しさだったのが敗因ではないかと思い悔しかった。

鶴瓶師匠の「家族に乾杯」が好きなのだが、何が好きかといえば、鶴瓶師匠の圧倒的スター感にある。彼は何も取り繕わず、何なら面白いことを言おうとか、盛り上げようとか、そんな気負いは微塵も見せず、ただ一人の人間としてふらふらと田舎を歩き回り、一人の人間として人々と交流し、そして、喜ばれている。これこそがスターだと思わせられる数々の名場面に、私は時に笑い、時に泣き、時に呆然とする。自分は決してこんな風に、佇むだけで人々に喜ばれるような星のもとには生まれていない、だからしっかりとものを作らなければと、しばし呆然としたあとに気が引き締まる思いになる。だからなんだという話ではあるが、とにかく地方へ行く仕事がとても好きである。そこへ行って、出て行くだけで喜ばれるような瞬間をこの人生で味わいたいと思うのならば、今は大都会東京で、自分のやるべきことにせいぜい集中してしっかりものを作って頑張らねばと、営業と呼ばれる仕事を遂行するたびにそう思うというなんてことない話である。

コリドー　前編

桜がちらちらと踊るように降っている時期だった。私が自宅のリビングでテレビを見てわははと笑いながら、機嫌よく晩ご飯のラーメンをすすっていると同居人のつるちゃんが帰ってきた。私はいつも通り、テレビを見ながら「おかえり～」と声だけをかけたのだった。するといつものようなつるちゃんからの「ただいま～」の返事がない。あれ、と思い、そこでようやくつるちゃんの顔を見ると、めちゃくちゃに浮かない顔をしている彼女が、帰ってきたばかりでコートも脱がずカバンも降ろさずにリビングの入り口に突っ立っていたのである。「え、なに、どうし」と私が言い切るよりも先に、神妙な面持ちの彼女は、神妙な面持ちのまま、勢いよく、大きな声で「私たちは！　このまま彼氏ができんかったら！　孤独死しか！　ありません！」と言い放った。えっ、と声に出すより先に一瞬にしてリビングルームに張り詰めたような静寂が訪れ、私はひたすら戸惑い、状況を把握できないでいた。

しかしつるちゃんはほとんど仁王立ちみたいな態勢で、かなり毅然とした態度でそこに佇んでいた。その神妙な面持ちも、毅然感をより増させていた。さっき何を大声で言ったのか、そしてなぜこの女はこんなにもやたらと堂々としているのか、状況は一つも飲み込めないまま、リビングには引き続き得体のしれない緊張感がひた走っていた。

「え、つるちゃん、え、どうしたの？　何？」と尋ねると、彼女は両手を腰にあてながら
「孤独死は！　ほんまに怖い！　あかん！　嫌や！　でもこのままやと孤独死一直線の人生！　最悪！」

と、めちゃくちゃ毅然とした態度で孤独死を怖がっていた。

何がどうしたのかとわけを聞けば、その日彼女は仕事中に「孤独死にまつわる怖い話」みたいなものを散々に聞いてしまったらしく、さらに周囲から「結婚しないと孤独死だ、今彼氏がいないなら孤独死だ、女二人で同居なんてしていて彼氏ができるわけがない、お前は絶対に孤独死だ」などと脅されたのだという。「いやいやそんなことはない、彼氏なんてすぐできる、大丈夫大丈夫」と自分を励ましながらなんとか帰宅したところ、帰るなり同居人である私がテレビを見ながらばかみたいな顔でげらげらと笑っており、さらにラーメンを鍋のまま食べていたので、どうやら一気に絶望的な気持ちになったらしかった。

「私たちは本当に彼氏を作らなあかん、孤独死やねんで、孤独死」

「いやいや、つるちゃんはそのうちできますよ、大丈夫ですよ」

「そういう話してんちゃうねん！　ラーメンを捨てろ！」

つるちゃんは真剣だった。よくある「何歳までに結婚したいのならば、逆算して今もう既に出会ってないと

いけない」みたいな話もしてきた。私はといえば、漠然と彼氏が欲しいな、結婚したいな、とかは思えるものの、それを孤独死と結び付けて恐怖に苛まれ、故に本気で焦燥するところまではなかなか行き着けていなかった。

「ヒコロヒーは彼氏欲しくないの？　結婚したくないの？」

「いやめちゃくちゃ欲しいし結婚もしたいです、でも出会いがないし、それに」

「言い訳はやめろ！　ラーメンを捨てろ！」

つるちゃんは本当にとても真剣だった。私が知っているつるちゃんは、優しくて穏やかで、冬には美味しいシチューを作ってくれて、夏には美味しいそうめんを茹でてくれて、朝食には美味しい卵焼きを作ってくれる、北国の寮母のような女である。それが今や、とにかくラーメン捨てさせようとしてくる不可解な鬼ババと化している。誰が私の愛するつるちゃんをこんな風にしてしまったのか、私は世論を憎み、鍋のままラーメンいったろうと横着こいた20分前の自分を恨んだ。

「つるちゃん、私、コリドー街を知っています！」

これ以上愛するつるちゃんが醜い妖怪へと進化していって欲しくないという一心で、私はコリドー街という街の存在を大きな声で述べあげた。

「なんやそれは！」

「女が歩けば必ずナンパされるという伝説の街であります！」

「なんっやそれは⁉」

私たちが住む世界有数のメトロポリタン・トーキョーには「コリドー街」と呼ばれるスーパーホットナンパスポットがある。スーパーホットナンパスポットなどと俗っぽい言い方をされるのはコリドー街側としても不服申し立てをしたいところかもしれないが、私個人の見解では、はっきり言って完全にそうである。

正式には、新橋と銀座の間に位置する、飲食店がずらりと立ち並んでいるなんともモダンな雰囲気の通りのことを指すのだが、そのメインストリートには純粋に酒や飯を食いに来たなどという人間は皆無なのではないかと思わされるほどに、ナンパをする気合いに溢れる男性たち、そしてナンパされる気合いに溢れる女性たちがひしめき合い、あちらこちらに色目色恋下心がうようよ浮遊しているという、どうにもスケベなエリアなのである。

「ナンパスポットか……ありやな！」

「ありがとうございます！」

私の熱意に満ち溢れるプレゼンを聞き終わったつるちゃんは若手社員を褒めて伸ばすタイプの部長のような

顔つきになっていた。私も若手社員として精一杯の感謝を述べたあとには、もう鍋に残ってあるラーメンを捨てる覚悟は整っていた。寺山修司よろしく「ラーメンを捨てよ、街へ出よう」である。こうして私たちのコリドー街への参戦が決定したのであった。

コリドー街への参戦が決定したその日から、我が家はコリドー街の話題で持ちきりであった。今日会った先輩がコリドー街に行ったことがあるらしいとか、知人がコリドー街で彼氏作ったらしいだとか、はたまた一部にはカラダ目当ての男が多いから気をつけなければならないだの、どんな服を着て行こう、めちゃくちゃかっこいい人がいたらどうしよう、やっぱり美人なOLたちが持て囃されていて私たちはお呼びでないのではないかだのと、それはもう様々な期待と不安で胸を膨らませていた。

桜はあられもなく散ってしまったというのに一向に暖かくなる気配は感じられない金曜日の夜、私たちはコリドー街に向かう電車の中にいた。

コリドー街という街の存在は知っていたし、なんとなく見かけた事も通りすぎた事もあるが、初めてそれとしてちゃんと訪れるスーパーホットナンパスポットに、私はR‐1の2回戦くらいの緊張は俄然していた。

「……どんな女でも歩けばナンパされる伝説の街？　本当にそんな街あるんですかね？」地下鉄の電車に揺られながら、いざとなると私は伝説の街にいささかきな臭さを感じ、不信感に襲われ、巨大な不安に苛まれてしまった。

あの街を実際に見たことがあるとしても、いくらここが大都会トーキョーだとしても、どんな女でも必ずナンパされるなどという、そんなわけのわからない街があってはたまらないのではないか、どんな女でも、つまり私たちでさえも、ナンパされるだなんて、果たしてそんな事本当にあるのだろうか。


「確かに、やっぱそんなんおかしいかもしれんな」

隣に座っているつるちゃんも同じくして不安げな表情を浮かべる。

「何もかも嘘かもしれないですね、どうしましょうか」

私が伝説の街に対し疑いの目を向け始めると、つるちゃんは即座にスマホを取り出し「そうやな、ちょっと私が調べさせてもらうわ」と、ベテラン科捜研の顔つきで素早く捜査に乗り込んでくれた。


「あ、ヒコロヒー、このサイト見てみ、めっちゃナンパされるそうや、大丈夫や」

「そら綺麗な人は声もかけられるでしょうけど……」

「えっ」

つるちゃんは、見ていたスマホに向かって驚きの表情で声をあげた。

「どうしたんですか？」

「これ見て」

見るとそれは「コリドー街に行って来た話」というタイトルのＷｅｂコラムで、読み進めていくと「30分歩いて10人からナンパされた」「しつこい男は無視してＯＫ！」「女性は1円も払わずに遊べる街で最高」みたいなことがつらつらと書かれてあった。正直なことを言えば、とてつもなく調子に乗っている女が書いた記事、という印象だった。

「これは、ちょっとなんか、嫌な感じですね」

「それがさ、これやねん」

そう言ってつるちゃんがそのページを下にスクロールすると、そのコラムを書いた女性ライターさんの顔写真が添えられてあった。見るとなんと、それが、ちょっと、なんか、あれだったのである。

「え、この人？　この人が？　これは、ちょっと、なんか、あれですね」

「この人が、30分で10人からナンパされるんやで」

「ちょっと私、信じられないです」

「ヒコロヒーはこの人の4倍はかわいいから40人にナンパされるってことや」

「え、そうですか？　じゃあ、つるちゃんは私の4倍はかわいいから１６０人ですね」

「え？　そうお？　えへへへ」

「えへ、えへへへ」

私たちはものの一瞬で、アホみたいに鼻の下を伸ばしながらアホみたいな数字を持ち寄り互いを褒め合い出すという境地に達した。

もう先ほどまで我々を襲っていた「どんな女でもナンパされる街など存在しないのではないか」「自分たちなど相手にされないのではないか」という不安と疑いは消え失せ、代わりにコリドー街に対する期待と希望、そして薄ら自信が猛烈に湧き出てきたのだ。人様の顔面を拝見してである。はっきり言ってほとんどモラルのないやり口だが、伝説の街へ行くためにはなりふり構ってはいられない。多少の犠牲は必要なのである。

己の警戒心と猜疑心に蝕まれ、不安に侵食され、自信と希望を枯れ果てさせてしまった瀕死状態の私たちにとって、そのＷｅｂコラム、そしてライターさんの顔は、まさに荒野砂漠にあらわれた素晴らしいオアシスであった。一瞬にして凄まじい勢いで潤いを与えてくれたのだから、非常に不本意ではあるかもしれないがこちらとしてはくす玉なんかも盛大に割らせて頂きたいほどに祝いあげ、感謝さえ述べたい気持ちになっていた。私たちはその顔面、否、オアシスから湧き出る水をがぶがぶと飲み、伝説の街へ赴く準備を整えることができたのである。

「この調子やと、これはうちらコリドー街いけるな！」

「ちょっとこれは、いけてまいますね！」

私たちがアホみたいに鼻の下を完全に伸ばしきったところで、電車は新橋駅の到着を告げたのであった。


金曜の午後八時、私たちはコリドー街の端、新橋側の入り口に立っていた。

「ここや……」

これが、あの、コリドー街か。さながら、数々の苦難を乗り越えてようやく海を見ることができた『ノッキン・オン・ヘブンズ・ドア』の主人公二人である。四月の春風は海辺の潮風に感じ、どこからかボブディランのノキノキノキ〜というあれも聴こえてくる気がする。私たちのどちらがマーチンの役どころかは定かではないが、その感慨深さと言えばここ数週間に繰り広げられた「コリドー街情報の言い合い」というリビングでの名シーンが走馬灯となり駆け巡るほどであった。

噂通り、通りにはどこか開放的な面持ちの男女がひしめき合っていた。男性は20代〜40代、女性は20代〜30代といったところだろうか、皆それぞれに異性を意識し、そわそわしているように見てとれ、更に相手のルックスや持ち物を品定めするような目で吟味し「ナンパするに、もしくはされるにふさわしいか」と厳しく査収しているようにも見える。

この日、私たちは各々の一張羅を着ていたわけだが、やはりそこは銀座コリドー街。圧倒的に「赤文字系

ＯＬ風お姉さん」の装いの女性だらけである。物凄いパステルカラーと花柄率の高さ、パフスリーブやマキシ丈スカートなどの生地の何らかがテロテロ系率がほぼ9割を占めている。ジーパンにスニーカーなど、はっきり言って私たちしかいない。そこでようやく私たちは、自分たちがスーパーホットナンパスポット、コリドー街用の一張羅ではなく、熾烈な若手ライブが繰り広げられるライブ会場、新宿バティオス用の一張羅で華麗に登場してしまっていた事に気付いた。非常にキモいケアレスミスである。

「なんかあれやな、ここはＴシャツのデザインで良さを競う感じじゃなさそうやな」
「スニーカーの色合いがイケてるとかも結構どうでも良さそうですね」
「あとヒコロヒーみたいなキューティクル絶滅してる女おらん」
「いやつるちゃんみたいな変な形の世界観むきだしズボン履いてる女もいないですよ」

私の絶滅キューティクルヘアーもバティオスならば笑ってくれる人がいるかもしれない、つるちゃんの変な形の世界観むきだしズボンもバティオスならばいじってくれる人がいるだろう。

しかしやはりここは銀座、古よりの大人の社交場、私たち以外の女という女は、頭の先からつま先まで煌びやかに艶やかに、誰かに笑われたりいじられたりする隙を一寸たりとも与えぬ装いで、よりいっそう麗しくそこに佇んでいた。

「大丈夫や、あのライターさんの顔を思い出すんや」

キモケアレスミスのせいで、やや不安に飲み込まれそうになってしまっていた私たちは慌ててあのサイトを開き、例のライターさんの写真を見させて頂いた。

「あっ、ふう……」

一瞬の小さな衝撃の後に、どっと得られる安心感。信頼と実績の顔面である。

「やっぱり私たちいけてまえそうですね！」

「これはどう考えてもいけるわ！」

私たちは俄然元気になった。あのライターさんの顔面は、絶大なお守り効果を発揮していた。こんな安心の仕方などはどう考えても人間の道徳というものに反しているが、女を二人、たったひとつの顔面で大きな不安の渦から救い出し続けているのだ。ライターさん側も誇りに思ってほしいものである。

「まあ思いがけずハンデ戦になったけどな、戦いぬけると信じるんや」

つるちゃんは薄ら微笑みながら、どこか余裕の面持ちでそう言った。微かに向かい風も吹いている。私はこれほどまでにつるちゃんが頼もしく見えた事はなかった。

戦いへ向かうその姿勢の頼もしさと言えば、さながら『バトル・ロワイアル』開始直後の七原秋也である。つるちゃんの変な形のズボンも、七原秋也が支給された心許ない唯一の武器、鍋の蓋に見えてくる。大ハンデ戦かもしれない、でも私、秋也くんについて行くからね。私は心の中で中川典子然として胸をときめかせ、私たちは颯爽とバトルロワイアルの地、コリドー街へと足を踏み入れたのである。

そして二時間が経ち、時刻は午後十時を過ぎていた。私たちはコリドー街の端、新橋側の入り口に立っていた。この二時間で、私たちはもう、コリドー街を8往復はしていた。信じられないかもしれないが、私たちはちゃんと数を数えていた。1往復、2往復、あれ、あれ、もう8往復。しっかりと8往復した末に、9度目のスタート地点に着いたのである。

「伝説の街なんかないやんけ！！！！」

そう、あれほどスーパーホットナンパスポットだと聞いていたコリドー街で、この二時間、私たちは、微塵も男性陣にナンパされなかったのである。どんな女でも、30分で10人に声をかけられる、女は1円も使わずに遊べるなどというあの伝説のコリドー街は、私たちの前では蜃気楼と成り果ててしまっていたのだ。

「こ、こんな事あるんですか……？」

震えながらつるちゃんに聞くと、つるちゃんは「さあどうやろうなあ！」と毅然とした態度で茶を濁していた。

もちろん私たち側としても、様子がおかしいという異変には早々に気付いていていた。3往復目に突入したあたりからは感じ取った異変を何とかすべく、やたらと上目遣いをしたり、各々の一番可愛い顔を披露したり、小賢しい女がやる歩き方「なんか飛ぶように歩く」をやってみたりもしたが、そんな必死な努力も虚しく、私たちはただ二時間、ひたすら道路を練り歩くという、全く意味不明のレクリエーションをこなしただけだったのである。こんなのバトルロワイアルならとっくに死んでいる。

「あのWebコラムはなんやったんですか……」先ほどまで強力なお守り効果を発揮してくれていたあの記事も、あのライターさんの顔面も、今となれば煽るだけ煽ってくるトンデモレクリエーションの一味でしかない。

「あのライターさんも30分で10人に声かけられたっていうのに……うちらゼロやん……ゼロやで……」

人様の顔面をあのような使い方をしたバチが当たりきっているのだ。私たちがオアシスだと思っていた水は姿形を変え、先端鋭い刃となり私たちの自尊心を猛烈な勢いで削ぎ落としにかかってきていた。ライターさん側としてみれば、ざまあみさらせ案件である。

「いやまあ……花柄とか、パステルカラーが足りなかっただけですよきっと」

「こんなんもう孤独死やん。無縁仏やん。決定やん」

「つるちゃんやめて」

「あいつも、あいつも、孤独死ちゃうねん。まさに今ナンパされてるからな。でもうちらは孤独死や」

「つるちゃんやめて、指ささないで」

「こんなナンパスポットで！　ゼロ叩き出したら！　もうそれは！　孤独死や！」

「つるちゃんやめて！」

地獄である。金曜の夜、華やかな銀座コリドー街の片隅には「孤独死や！」「やめて！　お願い！」と叫び続けていた女たちがいたのだ。今思い出しても涙が出てきそうである。それを遠ざけるべくやって来たはずなのに、まさか孤独死の足音をより一層明確に感じざるを得ない状況に置かれてしまった事に、私たちはほとんど半狂乱で荒ぶっていた。

午後十時半になり、終電の影がちらついてきた。私たちは疲れていた。9往復目をしようとは到底思えなかったし、私は正直、もうコリドー街など、花柄など、孤独死など、どうでも良かった。とにかく不躾に蓄えさせられたこの憂さという憂さを思いっきり晴らすべく、第一欲求は、もうどこかでぱっと飲んで帰りたいにすげ替わっていた。

「つるちゃん、コリドー街に私たちみたいな女の居場所はないよ。それが知れただけでも良かったよ、どっかで飲んで帰ろうよ」

「ほんまにそうやな！　もうええわ！　ありがとうございました！」

つるちゃんは漫才師として培ったやり口でコリドー街へしっかりとお礼を述べ、私たちは逃げるようにして新橋駅のすぐ近くの飲み屋に入ることにした。そしてこの店で、私たちの運命を少しだけ変える人が現れるのだった。


その店は、至って普通の、カジュアルなスタンディングバーだった。

流石に金曜夜なだけあって人は賑わっていたが、私たちは旅先の小さな村で急に訳のわからない部族に襲われ必死の形相で町に逃げ込んできた女たちくらい、そのバーに入ってひどく安心していた。もうここは完全に安全である。戦う必要などない。鍋の蓋しかなくても大丈夫。絶滅キューティクルヘアーでも、世界観むきだしズボンでも、さあ顔をあげて自分らしく生きていこう。私たちは巨大な爽快感を提げ、お酒は美味しく、快活に会話は弾み、非常に楽しい時間を過ごすことにようやく成功していた。

「あの人かっこいいなあ」

しばらくすると、つるちゃんが向こうの席を眺めながら言った。視線の先には、スーツ姿で30代前半くらいの端整な顔立ちの男性が一人でウィスキーを飲んでいた。ああつるちゃんは本当にああいうタイプ好きですよねえ、と私は分かった口を叩いたのみで、私たちはすぐにまたどうでもいい話に戻り、ただただ酒の席を楽しんでいた。

「お仕事帰りですか？」

えっ、と思い振り向くと、一人の男性が片手にグラスを持ち私たちに話しかけてきた。えっ、これは、まさか、なんと、ナンパでは⁉ と思い、慌ててつるちゃんの方を見ると、つるちゃんは俄然硬直していた。

それもそのはず、よく見るとその男性は、先ほどつるちゃんが「かっこいい」と漏らしていた、まさにその男性だったのである。何してるねん、はよなんか言えという私の合図をもろともせず、彼女は硬直し続けていた。

「あ！　はい！　仕事帰りで、飲んでます！」

私は慌てて喋り出し、無言を貫き通すつるちゃんの背中を何度か叩きせっついた。

僕も仕事終わりで、と言う彼を、私は自分とつるちゃんの間に強引に挟み込み「彼女はつるちゃんです！　今日はたまたまこのような世界観むきだしのズボンを履いてますが、全て間違いです！　今日はすごく間違えているだけです！」と見事に紹介してみせた。

最初こそ硬直状態だったものの、その男性のコミュニケーション能力の高さと、私の華麗なるアシストもあり、つるちゃんも次第に会話を楽しみ始めていた。私は終始、男性につるちゃんの紹介をするに徹していたのだが、男性もなかなか気遣いが出来る男で、申し訳ない程度に私にも色々と質問をしてくれた。

「そういえば君、名前、なんて言うの？」

「えっ、あっ」

咄嗟のことで、グッとなってしまった。

ここでヒコロヒーと言うのは意味が分からなさすぎるし、そもそも私は名前を名乗るのがとても苦手なのである。若い男女が名を尋ね合う映画があったが、私ならあんな石段で出会い頭に名を尋ねられれば驚異的な勢いで逃走してしまうだろう。

男性とつるちゃんはこちらを見つめ返答を待っている。本当に私の悪い癖だ。こういう時、私は、場の空気をぶち壊すようなわけのわからない事を言ってしまいたくなる。もうほとんど病気の域で、そうなのである。気付いた時にはもう私は真顔で「イッスッソー・ウーリャンピンです」と言っていた。

「え？　なんて？」

男性がキョトンとした顔で聞き返してくる。名前を尋ねた後に返ってくるであろう文字数の相場をけっこう超えてきているし、なんかスタッカートみたいなんも聞こえてくるし、キョトン、となる気持ちも分からなくはない。

しかし私は既に場の空気ぶち壊したい病が発症している上に、もう何年もピン芸人というハードボイルドな肩書きで暮らしてきたゆえのアイアンハートも保持している。私は「イッスッソー・ウーリャンピンです」と全く同じ事を全く同じ顔で繰り返した。若干「いやだから言うてるやんイッスーソー・ウーリャンピンやって」みたいなニュアンスもそこに含ませ、あたかも正しいのはこちら、間違っているのはそちら、というような雰囲気作りにも手を抜かなかった。


つるちゃんは突然の事に、驚いた表情を見せながらも「おまえ」といった様子でククと笑いを堪えている。こうなると私は、俄然、つるちゃんを笑わせたくなってしまう。

「イッスッソー・ウーリャンピン。あだ名はポンで、職場ではロンと呼ばれています」

舐めきっている。麻雀を知らない人でも気付くようなずさんなボケである。それでも場が場なだけに、つるちゃんの「ククク」は深くなっていく。

「えっと、出身はどこ？」

「ああ、四川です」

「四川？　えっと、どこ？」

「中国の四川だよ！　知らない？」

突如、中国人という設定を手に入れた私は「外国人にありがちな凄いフランクさ」という1ページ目の特徴をやってみせた。つるちゃんは後ろを向いて完全に笑っている。私は嬉しくなって度を越していく。

「仕事は何してるの？」

「皮膚」

「皮膚？」

「皮膚まわり」

「皮膚まわり？」

突如、中国人というミラクル設定を手に入れた私は「カタコトすぎてなんじゃそら」という1ページ目2行目の特徴をやってみせた。つるちゃんは笑っている。なんとも楽しい時間である。

「そうやねん、この子、皮膚まわりしてるんです」

つるちゃんも楽しくなったのか乗っかって来る。こうなればもう私たちは無敵である。その男性相手にしばらくの間、私のプロフィールという題で互いを笑わそうと躍起になるのである。

男性も不審がる素ぶりこそないものの、私の「日本のカエルは道におるやつは生で食える、今度目の前で食ったろけ」などという乱暴な台詞に笑ってしまったりしていて、それはもう色んな角度から楽しいひと時となったのである。私の道化はそれとして楽しみ、つるちゃんはといえば、男性と連絡先交換をするまでに至った。帰りの電車内、私たちは浮かれに浮かれていた。コリドーの戦いにはあえなく破れたものの、なんか分からんけど男前にナンパもされたし楽しい酒も飲めたのだ。つるちゃんに至っては孤独死から逃れる切符も手に入れている。まさに言う事なしの一夜である。

「えっ！」

突然、つるちゃんはスマホのライン画面を見て意味ありげに驚きの声を出した。

「どうしたんですか」

「さっきの人が、コンパしようって！」

「ギャッ⁉」

予想だにしていなかった展開である。もう2度と、あんな道路を練り歩きたくない私たちにとって、合同コンパほど時間という点でもコストパフォーマンスが良い催しなどないのである。

「これは楽しみやなあ、いよいよ孤独死が他人事になってきたで！」

「でも私、中国人じゃないって告白するところから始めないとあかんですね」

「そんなん向こうも覚えてへんやろ」

「そっか、まあ覚えてたとしても最初に実はちゃうんです～言うて参加してもらったらええか」

「そやそや」

そうこうして、私たちは4対4の合同コンパ当日を迎えたのであった。

コリドー　後編

寒さも薄れ、過ごしやすい陽気が続く五月のある夜、私たちは丸の内にいた。

男性陣の職場が丸の内界隈らしく、周辺にあるイタリアンレストランでお食事を楽しみましょうという事になったのである。女性メンバーはつるちゃん、つるちゃんと親しい女性芸人、私、私と親しい女性作家さんという布陣だ。私たちは意気揚々と丸の内に降り立ち、なんともおしゃれなイタリアンレストランへと、かの『セックス・アンド・ザ・シティ』のオープニングにも引けを取らない、あの綺麗な横一列になり、颯爽と入って行ったのだった。

男性メンバーは既に到着しており、つるちゃんがかっこいいと言っていたハンサムな男性、そして元木大介元プロ野球選手に似ている男性、俳優の田中圭さんに似ている男性、特に誰にも似ていない坊主頭の男性、という布陣であった。なんとも感じの良い面々である。そして全員がスーツ姿。さすが丸の内。私たちのようなあこぎな暮らしをしている人間にとって、板の上以外でスーツを着ている男性というのはなんとも眩い憧れの存在なのである。

一気にテンションが上がる私たち。なにせこんな機会は滅多とないのだ。お友達を作り、あわよくば恋人を作れるかもしれない。私はまさに、ハートビート！　ヒートアップ！　絶好調！　五月の恋！　スピードに乗って！　という気持ちで浮かれポンチであった。

そのうちそれぞれ注文していたお酒がテーブルに届くと、幹事であるハンサム男の仕切りで乾杯をした。

「それじゃあみんな、自己紹介していこうか」

ハンサム男がまずは僕から、と言って改めて自己紹介をする。名前や仕事、趣味なんかを言っていたような気がする。それから元木大介、田中圭、坊主頭へと続く。正直どんなことを言っていたかよく覚えていないのは、私なりに自分の自己紹介をなんと言えば良いのか緊張していたからだと思う。私はまず「前にハンサム男さんと会った時は四川出身と言いましたが、本当は、なんと、四国出身で〜す」「え〜！」「四違いでえらい違いだよ〜！」「全くもう〜！」「どっひゃ〜！」というホームドラマのような和やかなお笑いを一発はさまなければならない。そこを上手くクリアできなければ、ハンサム男の気分を害し、もしくは引かれ、もっと言えば他の男性陣のテンションも下げ、すると女性メンバーからも非難の嵐、実に取り扱い注意のデリケートな爆弾を丸の内まで引っさげて来ていたのだ。

「じゃあ次は女性陣！」ハンサム男が合図を出し、つるちゃんと親しい女性芸人が自己紹介を終え、つるちゃんが終え、私と親しい女性作家さんが終えた。いよいよ私の番である。爆弾の導火線を慎重に切る時がやって来た。

「こんにちは初めましてあのですね、私、実は、」

「あ、ポンちゃんです！」

「えっ」

突然の声の主は、件のハンサム男であった。

「ポンちゃんっていってね、中国の四川出身の子なの。仕事は皮膚関係の事をしてて、まだあんまり日本語わからないらしいから、みんなお手柔らかに聞いてあげてね！」

はつらつとした笑顔のハンサム男。すごくはつらつとしている。それはそうかもしれない、当人的には異国から来た女を前に、気を利かして懇切丁寧に他者紹介してやっているのだ。

「へえ〜中国の子なんだ！」

「ポンちゃんって呼んでいいの？」

「いつから日本に来てるの？」

勝手に進んでいく男性陣の会話とは相反して、「何その設定？」という怪訝な表情で不安そうにこちらを見つめてきている女性陣たち。まさかハンサム男が私に弁解の余地も与えず、急にはつらつと私のことを紹介してくれようとは、トンデモ誤差である。

これはヤバい、どうしよう、ヤバすぎる、ちょっと、つるちゃん、どうしよう、ねえ、焦りに焦った私が震えながら一糸の救いを求める気持ちでそろりとつるちゃんを見ると、あろうことか彼女は、完全に笑いを堪えていた。あの日あの時のスタンディングバーで見たまんまに、ククと息を殺して笑いを堪えていたのだ。まさかハンサム男がここまで詳細を覚えており、良かれと思ってこんな事態に発展するとは彼女も思っていなかったのだろう。あまりに突然の出来事に、笑いを堪えることに支配されてしまったつるちゃん。おい笑ろてんちゃうねん、何とかしてくれよ、青ざめながらそう願うも、無情にも時は過ぎ行くばかりである。

完全に孤立無援状態に陥った私は、もうこう言うしかなかった。

「あの……イッスーソー・ウーリャンピンです……あだ名はポンで、職場では、ロンと呼ばれています……」

よいしょーと言うハンサム男の掛け声を合図に拍手が沸き起こるイタリアンレストラン。素晴らしい盛り上がり。この男性陣の中に誰一人として麻雀をよく知る人物がいなかったことも運の尽きである。そこから私は2時間、今後いかような関係にもなれそうな素敵な男性たちを目の前に「中国人のポンちゃん」という設定で存在し続けなければならなくなった。デリケート爆弾の導火線の火はあらぬ暴風雨によりたち消え、行き場なくしなびてしまい、私はただただそれを優しく抱きしめるしかなかったのであった。

世紀の合同コンパは終演を迎えた。皆それぞれに楽しそうに見えた2時間であったが、こと私に関しては、ただ「中国人のポンちゃんがコンパに行ったら」というコントを誰にも頼まれていないのに一人で延々と披露していただけである。ざんない。標準語でこの言葉はなんと訳せばいいのか分からない。非常にざんない結末となったのであった。

「でも私ヒコロヒーのあれめっちゃ笑ったよ」

つるちゃんと親しい女性芸人がそう言ってくれた。この人はほとんど初対面であったが気さくで優しくとても明るく楽しい先輩であった。

「そうそう、あの咄嗟に出た返しとか、さすがって思った！」

私と親しい女性作家さんも続けてくれる。この人はいつも痒いところに手が届くようなコメントを捧げてくれる。

「ほんまめっちゃ楽しかった、ヒコロヒーありがとうなあ」

つるちゃんがそう言って笑う。まあこの人が楽しかったなら何でもええかと思えてくる。

私は世紀の合同コンパで「孤独死から逃れる切符」は手に入れられなかったものの「女友達大満足」という判子は押してもらうことはできた。なんとも活字に起こすと典型的なモテない女のやり口で嫌になるが、まあ事情が事情なだけに仕方がない。女性4人で二軒目へ行き、存分に笑ったところで私たちは帰路についた。

帰宅し、風呂から上がるとリビングに寝そべっていたつるちゃんが「ヒコロヒー、アスちゃんカッコ良くなかった？」と言った。アスちゃんというのは、俳優の田中圭さんに似ている薄い顔の男性で、会話も嫌味がなく爽やかな印象があった人物だ。「あのね、私には男性たちのことかっこいいとか見極める暇なんてありませんでしたよ……」

「でもアスちゃんがヒコロヒーの連絡先知りたいって言ってるで」

「え！」

「教えていい？」

私は慌ててアスちゃんって仕事何してるんでしたっけ⁉　何歳⁉　どこに住んでる⁉　と自分のキャラ設定に必死が故に漏らし続けていたアスちゃんのプロフィールを拾う作業を始めた。

「私も覚えてないよ、連絡とったらいいやん、教えとくで」

正直、アスちゃんについてのはっきりとした記憶はないけれど、それでも俄然悪い気はしない。むしろどんどん断片的なアスちゃんを寄せ集めて一人のアスちゃんを作り出し、めちゃくちゃ良い男「アスちゃん」が出来上がってしまった。（「ヘラクレス」みたいな男性になった）

10分後、私の元にアスちゃんから「ごはん行きましょう」という旨のラインが届いた。こんなことがあって良いのだろうか。世紀の合同コンパで、ずさんなキャラ設定に首を閉められ、一人あっぷあっぷしていただけかと思っていたら、男性からご飯に誘われたのだ。ほとんど奇跡、私こそが奇跡の人である。つい「ウォーター！」と叫んでしまいそうな気持ちを堪え「ぜひ行きましょう」と返信した。しかし私は中国人ではないという告白をするというバカ面倒な爆弾を抱えているままだ。サシでこの爆弾処理をするのは怖すぎる。

「つるちゃん、アスちゃんとのご飯ついてきてくれませんか？」

「ええよ、行こか〜」

そうして私たちはもう一度会うことになったのだった。徐々に湿っぽくなる気温に梅雨への恐怖を覚えつつあった六月の頭の金曜の晩、私とつるちゃん、そしてアスちゃんとアスちゃんの友達は、新宿の沖縄料理屋にいた。様々な沖縄料理も美味しく、男性二人もスマートで、私たちは冗談をたくさん交わし、非常に楽しいひと時となったが、結論から言えば、肝心の「中国人ではない」という爆弾処理をするタイミングは全く無いままその会は終わりを迎えた。途中、何度もつるちゃんと目配せをし「どのタイミング⁉」「分からん！」みたいなやり取りはしたものの、ついぞタイミングを掴むことは出来ず、また私はデリケート爆弾を慎重に持ち帰ることになったのだった。

「なんかもう引くに引けへんなってもうてませんかね……」

私はリビングでリンパマッサージをしているつるちゃんにそう聞いた。この人は隙あらばリンパマッサージをしている。

「まあ今日はあまりにも言うタイミングなかったよ、仕方ない」

御察しの通り、もちろんその日も「中国人のポンちゃん」としてこの世に存在していた私は「海ぶどう食べたことないでしょ？」などというアスちゃん側からの異国の女に対する好奇な質問に対し「は、初めて食べるネ～」などと宣い、中国人のポンちゃんらしく応答するという責務をこれでもかときっちり全うしていたのである。

「次言ったらええんちゃう？　やっぱり二人の時に言えば？」

つるちゃんは足首からふくらはぎをテンポ良く揉みこみながらそう言った。この人は隙あらば足首からふくらはぎをテンポ良く揉みこんでいる。

「もう気が重いです……」

私は新たな恋の予感、男性とのデート、などの浮つきラインナップよりも「中国人のポンでもなんでもないと打ち明ける」という完全に自業自得一大イベントが非常に面倒になってしまっていた。程なくしてアスちゃんからラインが届き、内容はといえば次は今日話題にあがっていたどこどこに行こう、いつ頃が空いてるの、などという可愛らしいものだった。

しかし、非常にのっぴきならない話ではあるが、私は説明責任をしなければならないという自分のややこしい未来を憂いて返信をしなかった。アスちゃんは確かに気遣いもできる、冗談も通じる、爽やかで素敵な男性ではあったが、その分「中国人ではありません、皮膚のことなんて一つも分かりません、わて生粋のニッポンジンの芸人でんねんまんねん」と打ち明けるのが更に億劫になってしまった。縁が無かったと思おう、そして次から新たに出会う人たちにはちゃんと一発目から本名を名乗ろう、情けない話ではあるが、それが28歳にしてようやく学んだ事であった。

それから気がつけば蝉の鳴き声が鬱陶しくなり、街行く人々は当然のように半袖を着て薄ら汗をかき始めるようになっていた。私はといえば都合よくポンちゃん事変の事は忘れかけており、日々フリップ作成やコントの前フリをいかに短くするかという事に精を出す日々を送っていた頃、唐突に、再度アスちゃんからお食事のお誘いがやってきたのだった。

前回の彼からのラインを私が既読無視するという、なんとも分不相応なやり口で終わらせているのにもかかわらず、改めて食事のお誘いである。ギョッとした私は慌ててフリップを書いていたマジックにフタをして部屋を飛び出し、リビングでアイスを食べていたつるちゃんに報告したのだった。

「なんやて！　ヒコロヒー、それはもう、行け！　行くんや！　打ち明けて引かれたら縁が無かったでええねん、とにかく行け！」

なんとも頼もしい女、一家に一台、ザ・つる、である。元バレー部補欠という経歴を活かした彼女のとびきりの腕力で背中を押された私は、確かにそれもそうだと思い直し「次回こそ必ず素性を打ち明けるんや」と固く誓って、再度またアスちゃんと会う事にしたのであった。

そしてある金曜日の夜、私たちは新宿の小洒落たダイニングに大集合していた。初めて二人きりで会うという事、そして今夜は件の重大発表を必ずしなければならないという任務を控えている私は幾分緊張していたのだが、アスちゃんに会うと、なんともおっとりしているその雰囲気に和まされ、緊張は早々に解け、何だかよくわからないジュレがふんだんに使われた料理や、それに合うお酒や、穏やかなアスちゃんとの心地のよい会話をきちんと楽しむ事ができていた。

お酒も進み、ある程度酔いも回ってきた頃、アスちゃんから「ポンちゃんは今後、中国に帰りたいなとか思うの？」と、唐突に尋ねられた。「は？　何言うてんの？　あっ、そうか……」突如として思い出させられる自分の設定。楽しい酒の席すぎて、アホみたいにずさんなあの設定のことなどとんと忘れかけてしまっていた。私が今後、縁もゆかりもない中国という国に帰りたいと思う事などあるわけがないし、いい歳した男女が酒も入り良い雰囲気になっているというのに、一体何を尋ねさせてしまっているのか、私は一瞬にして我にかえり「本当に、今言わなければ」と気を引き締めた。

「あの、アスちゃん、えっと」

「やっぱり帰ったりするの？」

「帰ったりとかっていうか、私、中国には今後絶対に行かなくて、日本にはこれからもずっといて、というのも私は」

「そっか、日本にいるなら、えっと、その、ポンちゃんが良いならなんだけど、時間がある時に、俺は、またこうして、ご飯、食べたりしたいです」

⁉⁉⁉

私は完全に硬直してしまった。心臓だけが爆裂に鳴り響いている。何それ何それ何それ？　ちょっと待ってくれ、なんでこっち見てんねん、ちょっと待ってくれ。

「ご飯、食べたりしたいです」て、なんやそれは、「ご飯」と「食べたりしたいです」の「、」これはなんやねん、これはちょっと、抜群に困惑している、ちょっと待ってくれ、なんやそれ、なんやねんな、ちょっと待ってくれ！

読んでいる人にとっては「ヒコロヒーが？　え？」といささか信じられないかもしれないが、私だって同じように、いやそれ以上に、信じられなかった。突然の出来事に脳内は大パニックである。男性にこんなに誠実に、面と向かって、こんなにも控えめで健気な願望を述べられた事など、学生時代に好きだった先輩に「俺の体育用の靴とってきてくれへん？」と言われた以来の事件なのである。

私は爆裂に鳴り響く心臓を抑えながら、こんな真っ正面からメシ願望を述べてくれる人を相手にして、何をのらりくらりしてんねん、ちょっとほんまにこれは自分の素性をちゃんと明かさなければと、私はとにかく焦っていた。

「あ、それは、もちろん、またご飯は行こう、ほんであの、」

「本当？　じゃあ次は、渋谷に美味しい天ぷら屋さんがあるからそこに行こうよ」

だめだ、だめだだめだ。だめすぎている。酒のせいもあり、アスちゃんの会話のテンポも早まっている。何とかして言わなければならない。なるべく明るく、ぱあっと陽気に、出来るだけからっと「わてポンちゃいまんねん！　ピンでんね〜ん！」と言わなければならない。そんなもん確実にスベるが、この際スベるくらい何てことない。できる事ならアスちゃんに「ドッヒャ〜！」と椅子から転げ落ちてもらえれば助かるが、助けてもらえなくとも恨まない。とにかく言わねば、言わねば、言わなければ！


「じゃあもう終電も近いし、行こうか」


そう言うとアスちゃんは席を立ち、当然のように素早く会計を済ませてくれ、フロントに預けていたスーツの上着と鞄を受け取りながら「来週の空いている日、また教えてね」と、やっぱり控えめに微笑んでいた。

帰宅すると、つるちゃんが待っていてくれて「どうやった？」と心配してくれた。

「中国には行かない、日本にずっといるという事だけは伝えられました……」

「何言うてんの？」

私は事の顛末を説明した。またしても打ち明けられなかった事、またご飯に行きたいという控えめな願望を言われた事、そしてその瞬間心臓が終わりかけた事、ちゃんと終電で帰らせてくれた事など、全てを聞いてもらった。

「めっちゃ良いやん！　はよ中国人ちゃうって言いや！」

「もう無理です……この際、どうにかして中国籍を取得して全てを本当の事に……」

「何言うてんねん、はよお礼のラインし」

とほほという有り様で私が言われるがままにアスちゃんへのお礼のラインを作成していると、つるちゃんに「もう元彼のことはいいの？」と尋ねられた。

ここからはいささかどうにも赤裸々な話になるので、ヒコロヒーのそんな話は聞いてられへんという方はそのまま本当に本をゆっくりと閉じてほしいと思う。せっかく買ったのに何を閉じさせようとしてんねんというお声も確かに聞こえるが、互いに気持ちよく生きていくためには避けられない手段だってあるものだ。私だってこの後の展開のために否応なしに書いている。もちろんそれなりに照れているし、それなりに開き直っている。

心中察して欲しい。

なんとも情けない話ではあるが、私は少し前に別れた恋人の事をまだ引きずっている節があった。彼は一つ年上の29歳フリーターで、趣味はギャンブルとスケートボード、休みの日は昼からパチンコに行き、土日は競馬に熱狂し、天気がいいとスケボをしに行くという、意識高い系人間が渦巻く昨今ではにわかに信じられないほど、真っ直ぐに意識低い系お気楽パープー男だった。夢や目標はなんとなくあれど、特にそれに対して行動を起こす事はない。なんとものんびりした性格で、活字に起こしてみれば言うまでもなくちょっとあれであり、私が恋人について何かを聞かれた時にそう紹介すると「え、その人大丈夫なん?」と誰もが心配していたものだった。

しかし私が彼を好きになったのはそんなお気楽さ、パープーさ、のんびりさにあった。別にいくらギャンブルをしていようが気にならなかったし、むしろ毎日を生きていく上で夢中になれるものがあるのは良いことだとさえ思っていた。

彼が新しいスケボーを買ったと言うのでついて行くと、彼は思いっきりコンクリートで宙を舞うように派手に転倒し、それを見て心配するよりもまず、げらげらと涙を流しながら大笑いしてしまった私に対して、普通なら怒りそうなところ「あはは〜さすがにヒヨコが見えたよ〜」などという変な返しをしてくるおおらかさがあった。私はそういった彼の個性的な、妙なユーモアをとても気に入っていた。

周囲の人に「29歳にもなってフリーターかあ」という反応をされた事は千度あったし、女友達から「男は仕事がデキる方がいい」「お金を稼げる人の方がいい」と苦言を呈された事もあったが、私はそんな事は本当にどうでも良かった。確かに仕事ができる男性は魅力があると思うし、お金が稼げるというのも能力だ。

でも私は彼の出世欲や競争心がないような、男性特有のあの妙な見栄を張ったりせず、無駄なプライドも持たない、周囲に決してマウントをとらないような、おっとりとした部分が魅力的だと感じていた。一般的な男性がどういうつもりであれをしているのか知らないが、私は男性に「俺という男がいかに凄いか」という自己誇示プレゼンを一秒でもされるともうダメなのだ。反吐が出る。自分で言うなや、スベってんねん、軽い気持ちでスベってんちゃうぞ、と思って睨みあげてしまう。

こんなことを言えば「男の人は見栄をはるくらいの方が出世する」「本当にヒコロヒーはダメンズ好きだ」と言われることもあるのだが、全くもって失礼な話である。ギャンブルが好きだろうが、男性特有のプライドがなかろうが、出世欲がなかろうが仕事に対して野心を抱いてなかろうが、ゆえに所得が低い大パープーフリーターであろうが、そんな事は人間の魅力というものに何ひとつとして影響し得ない。仕事で成果をあげることも、お金を稼ぐことも大切だ。でも、だからなんだというのだろう。なんの能力があるだとか、競争に勝った負けただとか、稼ぎがいくらだとか、それが人間同士が付き合う上で一体なんの意味を持つというのだ。

未熟な考えかもしれないけれど私にとって大切なのは、ちょうどのおおらかさと、ちょうどのユーモアだけである。その他のことは本当にどうだって良い。お金持ちのおもしろくない、何かがすごいやつと値段の高い飯を食うよりも、貧乏でもちょうどのユーモアがあるやつと腐りかけの野菜をどうやって食べるかを話し合うことの方が、比にならないほど楽しく思う。いささか極論めいた、全くの綺麗事らしい、甘っちょろいなめた見解かもしれないが、私は本気でそう思ってしまっているのである。

そして私は、そんな元彼の素晴らしかった話、いかに彼が変な男だったかという話を、度々つるちゃんに聞いてもらっていたのだ。

「話聞いてる限りではヒコロヒー、その人のことえらい気に入ってたもんなあ」

「珍しい人間でしたからねえ。いつまでも言うてられないですけどね」

「ほんまそやで、はよアスちゃんと付き合って孤独死から逃げきりや〜」

まだ孤独死の事を言っているつるちゃんを見て、まだ孤独死の事を言っているのかと私はひそかに小さな衝撃を受けたが、孤独死というものはそれくらい一生語られ続けるものなのであろうと妙に納得もした。そんなこんなで、私はアスちゃんと三度目の食事の日を迎えたのだった。

蒸し暑く、更に小雨の降る湿っぽい八月の金曜の夜、私は渋谷のハンズ前でアスちゃんを待っていた。

ほれたはれたの話が好きな女友達連中は「三度目の食事」という点だけ切り取ってえらく興奮した様子で背中を押してきたし、男友達連中には「大丈夫か？　そいつは中国人を狙って誘拐する組織の一味やないんか？お前はバラバラにされるんじゃないんか？」などとなかなか失礼な推測を立てられ、本気で身を案じられたりしていた。私としてもさすがに今日、素性を打ち明けられなければ人間としての出来が浅ましすぎると自分自身にプレッシャーをかけインターネットで「勇気がでる名言」などを検索して自分を鼓舞することを一心不乱にやりのけていた。

アスちゃんが仕事で少し遅れるというので近くの喫煙所に移動したばこを吸っていたら、街行く同世代くらいの女性達の煌びやかさが目についた。渋谷を歩く女性は皆、流行的で、着飾っていて、綺麗に見える。反して私は、今日もTシャツのデザインのおしゃれさ一本勝負である。28歳の女性がするおしゃれのやり口ではない事は分かっている。ボトムスがどうとか、コーディネイトだのレース素材がどうとか、そういうおしゃれではなく、私は、Tシャツのデザインのおしゃれなのが、おしゃれだと思っている。たぶん小4の感性である。私はこんな女をよく三度も飯に誘ってくれるよなあ、と、ふらふらと上へ浮かんで行くたばこの煙を眺めながら思った。

予定より10分遅れてアスちゃんが到着した頃にはしっかりと切り替えて「私の魅力は着飾りが上手い事ではない、ユーモアや、わしにはユーモアがある、オッケーイ！」というモードに入っていた私は、アスちゃんに「遅れてごめんね」と言われた際に「いや、正月やあるまいし遅れた事謝らんでええねん！」と変な事を言ってスベった。正月は別に遅刻してこないし、ライブの平場だったら共演者たちにあとで楽屋で見下されるくらい変な事を言った。あれ、あれ、私ユーモアなかったら終わりやんけ、と勝手に一人でテンション下がっていると、アスちゃんが「なんか、あれだね」と言い出したので、もうほんまごめんやで……と思っていると「そのTシャツ、めっちゃかわいい、似合ってるね」と言った。思わず私は「ええ奴！！！」と叫んだ。

アスちゃんが連れて行ってくれたのは宇田川のあたりにある隠れ家的な天ぷら屋さんで、入った瞬間その雰囲気の大人っぽさ、ムーディさとでも言うのだろうか、いかにも大人の男女がデートに使う店、という様子に私は完全に怯んでいた。自分の生活水準では来れないような店である事は想像に容易かったのだ。

「本当はあんまり予約取れないいんだよ、運が良かったよ」

カウンターに座り、目の前で職人さんの調理の手つきを見ながらアスちゃんが嬉しそうに言う。まず店の予約をしてくれている事がもう、嬉しくもあるけれど恥ずかしいというか、分不相応な気がしてむず痒い。私は以前、まだ付き合っていないけれど何度か食事に行っていた男性にクリスマスに食事に誘われ「これは!? 告白されるのでは!?」とドキドキして待ち合わせ場所に向かうと、30分待たされた挙句、出会い頭で「どこも予約してなくてさ、山内農場で良い？」と言われた経歴を持つ猛者女《モサージョ》である。別に良いのだ、予約なんてしなくて良いかと思われる私に落ち度があるのだ。

でも目の前には嬉しそうに予約が取れた事を報告してくれる人がいる。この店に到着するまで、私に余計に歩かせないようにと曲がり角一つ一つで慎重に悩んでくれていた人がいる。たかだか10分の遅刻で、仕事で起きた急なトラブルの詳細を丁寧に説明してくれた人がいる。私はこれまでの様々な経験が大きなフリとなって、今の私にはアスちゃんのひとつひとつがボディブローのように効いてきていた。

私たちは天ぷらとハイボールを楽しみながら、アスちゃんの仕事の話をしていた。アスちゃんは、職場にこういう人がいてね、とか、こういう事があってね、とかを必ず冒頭で「大した話じゃないんだけどね」と前置きしてから話し始めて、私はその話を聞いて笑ったり、怒ったり、感心したりした。そしてその流れでアスちゃんは「俺、車の運転がめっちゃ下手でね」と話し始めた。聞けば、アスちゃんは仕事に支障が出るくらい車の運転が下手らしく、ゆえに車の運転をしなくても良い、電車で取引先まで行ける都内の勤務になったらしかった。私はその話を聞いて、仕事に支障出るくらい運転が下手という事も意味不明すぎて笑えたし、とにかくこの話の何に感動したかといえば、アスちゃんが自ら「車の運転が下手だ」と言った事なのだ。

あくまでも私の一知半解な意見ではあるが、男性はいつも「車の運転うまい風《かぜ》」を吹かせてきている節があると思っており、何かにつけて「あの辺までだったら車とばせばすぐじゃん」といちびってきたり、高速ですごいスピードを出したり荒っぽい運転をお届けする事が美学と思っているような男性も見たことがあるし、運転の様を少し褒められれば上機嫌になったり、逆に運転が下手だといじられれば不機嫌になったり、なんとなく「車」と「運転」になるとムキになるなあと思うことが多かった。しかしアスちゃんは「仕事に支障が出るくらい運転が下手で」と普通に言ってのけている。元からそんな気はしていたけれど、やっぱり、くだらない格好はつけない人なんだなあと気付き、そしてそういう、くだらない格好つけや、いかに自分が凄いか話のようなものを一切しないところは、とても、私が、好きな感じだった。

「アスちゃんて、けっこう珍しい感じの人やんな？」私がそう言うと、アスちゃんは困ったような顔になって「やっぱあれだよね、女性は運転が上手い男が好きっていうもんね」と申し訳なさそうに言うので私は笑ってしまって、いや運転は私がする、と言うと、アスちゃんがかしこまった風にして、よろしくお願いします、と、頭を下げるので、また笑ってしまった。あれ、なんか、あれやな、えらい、楽しいなあ、と、私はそう思っていた。

「でもポンちゃんも珍しいよね、中国から来て一人で頑張ってさ！」

アスちゃんが唐突にそう言うので、私は一瞬にしてサッと真顔になった。それはそうである、こんな、今のこの楽しい時間は、私の大嘘設定の紙一枚の上で行われているものである。早くこの紙を引き抜いて、ほんまの感じで話をしなければ、どれもこれもこの楽しさすら、もう全部が嘘になってしまう。私は覚悟を決めて、今、まさにこれから言おう、と姿勢を正した時だった。

「ポンちゃんは、どういうタイプの男性が好きなの？」

今！　ええねん！　ちょっと！　先に！　言わしてくれ！　焦る気持ちにムーディーで歯止めをかけられた私は、今にも舌打ちしそうな気持ちでアスちゃんに意地悪を言いたくなってしまって「車の運転がうまい人」と言ってから、この話終わってからでいいやと開き直り、軽い気持ちで「アスちゃんは？」と聞き返した。

「俺？　そうだなあ、俺はね、嘘つかない人」

「えっ」

完全に頭の中でコーナーのタイムアップを知らせる「カンカンカンカンカーン!!　終了〜!!」のSE鐘の音とMCの声が、凄い音量で鳴り響いた。あれ、終わった。完全に、これは、終わったんちゃうん。おるけど。好きなタイプ聞かれて「嘘つかない人」って答える人、一定数おるけど。この状況でこれはちょっと、めっちゃあかんやん。私は完全に硬直し、生唾をごくりと飲み、何も喋れなくなってしまい、ただ目の前に置かれてある魚の天ぷらをパチパチとまばたきをしながら見つめていた。あれ、これ、これは、終わったよな、これはなに、終わってへんかい、終わってるよな、と、心臓のあたりがどくどくどくどくと鳴りまくっていることを感じながらそればかりが脳内を駆け巡っていた。

「え、どうしたの？」

露骨な私の異変に気付いたアスちゃんがそう言うので、私は気が遠くなりながら、まだ脳内に「カンカンカーン……」の名残りも響き渡る中、最後の力を振り絞った。

「いや、私、私な、嘘つきやから、嘘つくねん、その……」

「あはは！　ポンちゃんは嘘つきじゃないよ、嘘つきは自分の事嘘つきって言わないよ。嘘つきって、言葉、わかる？」


ここに来てまだ中国人という設定につき「日本語を確認される」という初歩的なやつもされている。ここまでくるとアスちゃんの無邪気さ、純粋さが憎くなってしまう。いやわしあだ名がポンで職場でロンやぞ、気付けや、なんかこういう話を男友達とかにして「え？　何それ？　麻雀やん？」とか言われろよ、わし関西弁ペラペラ喋っておもろい事もわあわあ言うて、おかしいやんこんなん、おかしいな思えよ、疑えよわしを、設定ガバガバやねん、やのに何をしっかり全部設定信じて、ええやつやな、ええやつやんけ、めちゃくちゃええやつやなおい！！！！！


「違うねん！　アスちゃん！　あのな！」

私はもう、ほとんどヤケになったような気持ちで、そう切り出した。

「え、何？」

アスちゃんは微笑んでいるような、少し驚いているような、何とも言えない変な顔で私の方を向いた。そしてその顔を見ると私は何も言えなくなってしまい、実際に2分くらい、体感で45分くらい、しっかり黙り込んでしまった。先ほどまで他愛も無い話でわあわあと喋り合っていた相手が急に黙り込むのだ。何やこいつ、気色わる、ゲー吐くんか？　と思われていそうだな、と思った。そうやった方がまだいいかな、とも思った。

それから先に口を開いたのはアスちゃんだった。ポンちゃん、と言い、アスちゃんは、元彼の事でしょう、と笑った。えっ⁉︎　と聞き返せば、どうやら私は初めてアスちゃんに会ったあの合同コンパで、特に誰にも似ていない坊主頭の男性に恋愛遍歴のようなものを聞かれた際に件の前の恋人の事をべらべらと喋っており、それをアスちゃんが聞いていたらしかったのだ。

「俺にはそういう引きずるような存在はいないから、分からないから。ポンちゃんの中で、解決してない事があるなら、仕方ないと思うよ」

アスちゃんはふてくされたようでも、気を使って過剰に優しく言うでもなく、ただ普通に、何の他意も無いようにしてそう言った。何にせよ、合同コンパという新たな出会いの場で過去の男性のことくっちゃべるなんて私はどこまでも終わっている女やんけとめちゃくちゃ自分に引いたし、白目も少しむいた。

「でも、少しずつ、ご飯とか行きながら、仲良くなれれば嬉しい」

ア、アスちゃん……。これがどういう現象なのか分からないけれど、私はなんか泣きそうになってしまっていた。訳のわからない嘘をつき続けている罪悪感と、こんな変なTシャツの女に対してどこまでも優しい目の前の人と、前の恋人の事もそんな風に言ってくれる事、そしてその人が一番嫌いらしい嘘つきに自分がなってしまっている事と、もう全てが一気に荒波となって押し寄せてきて、それに抗う気力もなくただ溺れていくだけのような感覚に陥っていた。そしてアスちゃんはお会計お願いしますと店の人に言い、また当然のようにお会計を済ましてくれ、私はその光景を力なく見つめるしかできなかった。

店を出て夜道を歩いていると、アスちゃんがもう「一軒行かない？」、と言ってくれた。その時点で時刻が午前12時前で、終電がちらついていた事もあったし、もうしんどいというのもあり、私は今日は帰ると告げた。するとアスちゃんは

「ちょっとだけどうかな、一杯だけ飲めないかな」

と珍しく強めに言った。ハッハーン、これが女友達連中が言っていた「三度目の食事」の威力か。私は感心しながらもしっかりと軽くビビり、いや帰ると言った。

「もう少し、もう一軒だけ」

そう言うとアスちゃんは私の手をパッと繋いだ。私はその時点で心臓ドーン！　の目ん玉グイーン！　の肺呼吸スウー！　である。完全にめちゃくちゃ動揺していた。こんな事で動揺してまうとはクソ、情けなさすぎる。しかし、私も一端の28歳女性である。動揺を悟られ、なめられるような事態だけは避けなければならない事は知っている。これは全ての男女が経験したことのあるであろう「終電の攻防戦」の一味なのだ。私は絶対にそれを悟られまいと真顔で、むしろキレてるみたいな顔になっていたかもしれないが精一杯に冷静を装って「いや今日は」と言い退ける事に成功した。しかし、アスちゃんの攻撃も続く。


「そっか、でも、一杯だけ」

「いや明日も早いから」

「じゃあ新宿まで移動して少しだけ飲むっていうのは？」

「いやいや、家帰ろうかなと」

「俺も明日早いから！」

「いやほんまに今日は帰ろう！」

「じゃあ缶ビール買って１本だけ飲もう！」

「いや私日本人やねん！　あれ？」

あれ？　と私が思った時にはアスちゃんもあれ？　という顔になっていた。

どういう思考回路でどういう原理で今この言葉が出てきたのか全く分からなかった。ただ、確実に今、私ははっきりと自分の口で「私日本人やねん」と言った事だけは分かる。こういう事が頻発するから、一刻も早く私の注意欠陥症が一発で治る薬を開発して欲しい。用意していた言葉にいよいよ自我が芽生え「おい、出番ないなら、わし、我がで出番つくるで！」と自分から飛び出してきたとしか思えない。私の意思など介在していない。飛び出し事故である。自分でも予想外の事態に私は完全にパニックになったが、どうしようどうしよう、ええわ、もう、ええわ、もうええと、パニックついでにしっとりとヤケにもなった。

「あの！　私！　中国人でもなんでもないねん！　日本人です！　全部ずっと今まで嘘ついててん！　中国とは何の縁もゆかりもありません！　あと皮膚の事もひとつも分かりません！　お笑い芸人やらしてもろてます！」

渋谷の夜、細い路地で、私は一気に叫ぶようにしてそう言った。それから強引にアスちゃんの手を振り払い、ごめんなさい、と言ったけれど、もうアスちゃんの顔はひとつも見れなかった。

「何それ、何？　どういう事？」

尋ねられている。質問されている。事情は説明しなければならない。我がのけつは拭いて帰らなければいけない。しかし次の瞬間にはもう、私は凄まじいダッシュで渋谷駅の方面に向かって走り出していた。最低すぎて信じられないかもしれないが、しっかりと私は腰を入れて走り出したのである。夜風を一心に浴びながら、それはもう手のひらパーの大ダッシュで、このフォームで渋谷を走ってきた歴代の女たちの中で最も真剣に走っていたと思う。比喩でも何でもなく、言葉通りに、完全に逃げ出したのだ。

一心不乱に爆走したのち、西武デパートのところの信号で引っかかった。渋谷駅までもう少し、あがった息を整えようと蕎麦をすするみたいな深呼吸をしていると、横で同じように信号待ちをしている男女が終電について何かを話していること、つまり多分、終電の攻防戦を繰り広げている事に気付いた。

この茶髪で巻き髪の、トレンドである濃い赤紫の紅をさして大きなフープピアスをしている女性は、その隣に佇んでいる妙な真青色のスーツ姿のオールバックの男性に、今この瞬間、腕を掴まれ「もう少し一緒にいたい」と言われたら、どうするのだろうか。でも、きっと、少し頬を赤らめて微笑み、もしかしたら上目使いなんかもして、満更でない様子を見せつつも、しかし口では一応「どうしようかな」などとつれない事を言っておくという、古より存在する周到なフェミニン返答をしてみせるのだろう。

きっと、何がどんなに間違っても、唐突に手のひらをパーにして非常口の人みたいなポージングになってこの横断歩道を大股で超えていったりはしない。そもそも彼女はハンドバッグを持っているので、手のひらパーになど絶対になれない。どうして私はよりにもよってリュックサックを背負っているのだろうか、リュックサックのせいで完全に手のひらパーを作りやすいコンディションを作り上げてしまっていた。手のひらパーを作りやすいコンディションなんかについて人生で一度たりとて考えた事などないのに、どうしていとも簡単に手のひらパーを作りあげ、手のひらパーで走り出す事がこの期に及んで上手くいってしまっているのだろう。

私はどんどん情けない気持ちになっていたし、更に脳内で一瞬、宇田川の方からここまでリュックを背負い手のひらパーで一心不乱に走っていた変なTシャツのキューティクル絶滅女性を想像してしまいゾッとした。渋谷でトレンディな一夜を過ごすつもりが、その走りっぷりといえばほとんどパンデミックホラー映画の雑なワンシーンである。

いや、もう本当に一体、私は、ここで、何をしているのか、「まとも」というものはいつも上空の方からひゅーんと質量軽く、唐突に降ってくる。そいつが頭にこつんと当たったら、ボタンを押したみたいに、それを合図にして、虚しさとか恥ずかしさとかが、底の方から待ってましたと言わんばかりに凄い勢いで湧き上がってきて足元をとっていく。信号は青に変わったけれど、横の男女は何かを話し合った結果、目の前の横断歩道を渡らずに右側の道へとそれていった。私はもう走り出す事などとっくに億劫になっていて、点滅しだした青信号へ向かって力なく歩いていた。

西武デパートの横断歩道を抜け、ツタヤ前に出てスクランブル交差点を渡りきろうかという時、スマホの着信が鳴った。画面を見ると、アスちゃんからだった。アスちゃん、と表示された画面を見つめながらしばらくどうしようかと考えたが、私は電話に出た。そして彼の声を聞くよりもまず一発目に「本当にごめん」と言った。アスちゃんは私の言葉を聞いて「いや」と言い、続けて「俺の方こそごめん」と言った。いやなんで君が謝りますのん、なんなん、と思ったし、いや、なんなん、は、あちらさんの台詞やがな、きみ、なんなん、やあれへんがな、とも思ったけれど、ただ黙っておくことしか出来なかった。

「今どこにいるの？」

「スクランブル交差点を渡ったとこ」

「行くから待ってて」

来られても、もう合わす顔などない。あんな変な「打ち明け大脱走」をしてしまい、何をどう弁解したら良いのかも分からないし、もっと言えば今までの些細な会話の中で「言っておくけど人見知りの中国人だっているけどね」だの「中国人だからといって全員辛いものが食べられると思ったら大間違いだからね」だのと中国人として妙に説教めいた事をしてしまった事などについて何と説明すれば良いのかだって整理ができていないままだ。

「ちょっとでいいから」

そう言われ、頭を抱えハイと言うしかなく電話を切った。ロクシタンカフェの前にある大通りを挟んで向かいの花壇の端に座り、目の前に広がる巨大な交差点を行き交っていく大勢の人たちを眺めていた。あなたたちは好きな人や恋人に嘘をついたりしないのか、引くに引けなくなってつき続けている嘘は一つもないのか、あるならそれはどうしているのか、と、一人ずつ捕まえて事情聴取したい気持ちでいっぱいになっていた。

しばらくして、予想していた方角とは違う方角からアスちゃんが登場したので余計に心臓が大きく動いた。目が合うなり、お疲れ、と妙な言葉を投げかけてきたアスちゃんはお酒を飲んだ時の顔の赤さがまだ引いていなかった。

「さっきはごめんなさい、全部さっき言った通りです。本当にごめん」

私は畏まってそう伝えた。騙したとかうそつきとか気味悪がられても仕方がない。私が蒔いた種で、時間をかけ育て続け、三度目の食事で見事に気味の悪い花が咲いただけである。それをアスちゃんにプレゼントしたところで喜ばれる筈などない。違うの、あのね、もっと綺麗な花が咲く筈だったんだけど、なんて言い訳したって無意味である。

「私は中国人じゃなくて日本人です。最初遊び半分で嘘ついてたら引くに引けんくなってここまできてしまって、私は、ポンでも皮膚でも何でもないです」

私は誠心誠意、この謝罪の言葉を述べていた。続けて私が、ごめんなさい、と付け加えると、アスちゃんは、うん、と言って、しばらく黙って、そして10秒くらい経ってからこう言った。

「言われてみれば、そうだよね」

い、言われてみればそうだよね？

アスちゃんは至って大真面目な顔でそう言っていたのだが、私は思いもしなかったその返しに物凄く面食らっていた。

「だって、すごい関西弁だし、中国のこと何も知らないし、さっきも大塚愛の歌を口ずさんでたし、そりゃそうか」

唐突にアスちゃんに冷静に状況を振り返られた私は、少しばかり死にたくなった。確かに店を出てから歩いていた時どこかの店から大塚愛の曲が流れていたけど口ずさんでいたとはその時言って欲しかったし、それに中国の地理の事をあれやこれやと聞かれた私は見事に何ひとつとして分からないので「まあそれについてはよく知らないけど広東省の人間は大きめの豆ばかり食べるよ」「まあそのことはよく分からないけど四川の人間はアグネスチャンが好きだよ」などという異常なでたらめを、したり顔で言ってその場を凌いでいたのだ。

「いや、その、本当にごめん」

「そっか、うん、うん」

アスちゃんは自分で何かに折り合いをつけるようにしてずっと頷いていた。そしてしばらくしてから「ポンちゃんは、楽しかった？」と尋ねてきた。

それを聞いた私は焦って、焦って、というよりも、これはチャンスポイントだ！　挽回チャンスだ！　と言わんばかりに、「楽しかった！　アスちゃんとおるのは、ほんまに、いつも、楽しい！」とあっぷあっぷにそう言った。

するとアスちゃんは「違う、そうじゃなくて」と遮り「ずっと嘘ついてて、楽しかった？」と言った。

アスちゃんの言葉を聞いた私は（ヒ、ヒーーーーッ!!）と身の毛のよだつ思いで「い、いいえ……」と言うしかなかった。

恐ろしいほどに重たい沈黙が、いつまでも騒がしくご陽気な渋谷の駅前でどろりと流れていた。「沈黙を破る」、破る、という表現などてんで適さないほどに、それはとてつもなくぬかるんでいてどうにもできそうになかった。

「次の日曜日、会える？」

唐突にそれをぶち抜いたのは、アスちゃんだった。

「え、お、会える！」
すぐさま私はそう返事をした。あと2回くらい「会える、会える！」と言っていたかもしれない。つれない態度をとる事が誘われた女性が見せるテクニックのひとつだという説があるとしたら、私はその真逆を突っ走っていた。雑誌なんかでそんな指南を見たら私はいつも「つまんないこと言ってんじゃないよ」と浅香光代風に呆れていたが、かといってこうして尻尾を振るように返事をするのもなんだか愚かめいているものがある。

「じゃあ日曜に美味しいサンドイッチを食べに行こう」とアスちゃんは言って、私はまた多分5回くらい「うん」と言って、アスちゃんと別れた。終電はとっくになくなっていた。

深夜に帰宅すると、つるちゃんと、つるちゃんの相方の一平さんという八尾で生まれた乾燥肌の骸骨がリビングにいた。おかえり、どうやったん、と二人して聞いてくれるものだから、私はお落語を一席披露するかの如くぶわっと顛末を話し、二人は途中で「ギャー！」とか「ヒー！」とか「ああ……」などと言って演目を存分に盛り上げる事も忘れずに聞き手に徹してくれた。新進気鋭の異国情緒溢れる噺家、中国亭ぽんぽ娘による打ち明け落語は二人の「なるほど～」という感想をハケ囃子にして終わり、一平さんは「そんなん俺やったら笑って済ますけどな」と言って「俺は普通の男とはちゃう」みたいな空気を出していちびっていたし、つるちゃんは「なんでサンドイッチ誘うんですか？　男性は何を考えてるんですか？」と一平さんに詰め寄っていた。一平さんは「俺はサンドイッチは食わん」と論点のずれた事を言って、女二人をしらけさせていた。

「あれ、でも、日曜って結婚式って言ってなかった？」

「えっ」

つるちゃんにそう言われカレンダーを確認すると、完全に友人の結婚式の予定が入っていた。挙式が横浜で行われるし、二次会も出席する予定だったため都内に戻るのはいつになるのか分からなかったのだ。

「やってしまった……」

私のスケジュール管理能力の乏しさといえばきっと関東でも五本の指に入ると自負している。注意欠陥なのである程度は仕方ないと割り切っているのだが、やはりやらかすたびに目眩がする思いだ。私がどうしよう、とまた頭を抱えると、二人が「今すぐラインして説明したら大丈夫や！」と言ってくれたので、私は急いでアスちゃんに「今日はありがとう、日曜日ですが会えると言ったけど帰ってスケジュールを確認すると、結婚式が入っていて会えそうにないので、また今度にしてもいいですか」とラインをした。

そしてそれから、今日に至るまでアスちゃんからの返信はない。山登り系女性ピン芸人、桜花さんのギャグをお借りするとすれば、ガビボーン、である。完全なる、ガビボーン、だ。マウンテンガビボーン、でもある。

既読だけついた自分のラインのメッセージを何度も確認したが、そのうち気が滅入ってしまいトークルームを非表示にした。一度、最初にコリドー街で声をかけてきたハンサム男性に「パーティするからおいでよ」と言われ（もしかしたらアスちゃんおるのでは）という下心でつるちゃんと参戦したのだが、アスちゃんはいなかったし、その場にいた初対面の可愛らしい女性に「これ、すごく良いんですよ〜」とタオルを勧められたので「へ〜」と思いそのタオルを買ったら、帰ってからつるちゃんに「何してんの⁉」と怒られた。

友人たちには「そんなんもっかい誘ったらええやん」と言われたが、私はまた返信がこない事を異常に恐れ、めっきり消極的になりあげて「無理……」と情けない声をあげるしかなかった。日々の中でガビボーン、となったり、あまつさえマウンテンガビボーン、となるエネルギーなど、もがいて作った新ネタをおろして反応が微妙だったり、懸けていたオーディションに落ちたり、収録でうまいことできなかったり、そういう事だけでこれでもかというほどに消費されていく。

友人に「かわいそうなのはアスちゃんやん、なんでまだアスちゃんがあんたを誘わなあかんの？　あんたがいかな」と叱られ、ほんまにそうやなと反省し、男友達には「もうそんなめんどくさい女ええわってなるわ、お前から追いラインしない限り無理」と言われ落ち込み、また別の男友達には「週末の結婚式なんか普通忘れへんやん！　なんしてんねん！　それ絶対嘘やと思われてるやろ」と分析されて衝撃を受けた。

それでもやっぱり、もうアスちゃんに連絡はできないし、きっともう二度と会うこともない。変な嘘をついていたと早々に上手に打ち明ける勇気も、また連絡する勇気も、到底持ち合わせていないのである。

何度も検索していた「勇気が出る名言ページ」には「些細な勇気を出すこともできない人間に何かを得る事などできない」みたいな事が1００００００個くらい載っていたけれど、それくらい頭では理解しているつもりなのだけれど、やっぱり私は、ことほれたはれたになるとびっくりするほどに何もできない。こんなことは17歳の子が言っていれば、あらまあ可憐ねと微笑ましいものでもあるが、当方28歳である。最近では恋人がいないと言えば「フリー」と呼ばれることよりも「独身」と呼ばれることがうんと増えてきているのに、だ。

つまり私にとっての勇気とは、大先輩たちばかりの平場で出すものであり、伝わらないかもしれない設定で3分間騒ぎきる事であり、あるいは何も背負う気のない大人の軽はずみな提案に「それはできない」と言うことでもある。気になる人に「気になっています」と言ったり、「もう少し一緒にいたい」と申し出たりするような、ほれたはれた枠の勇気は一般的な数値の5００００分の1程度しかたぶん持ち合わせておらず、そしてそれはもう勇気というよりも、もはや宇宙である。ホレハレ枠で勇気を出すという事は、宇宙なのだ。
私は今、宇宙の話をしている。

でもこれから、もし次があれば、その、次からは、少し、今よりは、すずめの涙ほどでも勇気を出しながら、なんとか孤独死から逃げきれれば良いなあと、やんわりと思った、28歳のことでございました。（朝ドラのナレーション風）

サマージャム

サマージャム

夏が本当に嫌いだ。厳密に言うと、この日本の夏である。イキがってると思われても構わない。サンフランシスコの夏なら良い。デンマークの夏も良いだろう。しかし日本の夏は湿度が高く、わけがわからないほどに蒸し暑く、のみならず日差しは破壊的に強く、さらに蝉という鬱陶しい虫があちらこちらで耳を劈かんばかりに喚き散らしている。東京ならばもっと劣悪で、コンクリートによる照り返しで地面からも攻撃され、更に混み合う人々で温度はより上昇し、その人々の顔は常に鬱陶しそうな表情をしているので、眼に映るその光景にがんがん気も滅入る。こんな環境下で頭がおかしくならずにいられることはほとんど奇跡である。夏は犯罪率が高まるというが、感想としては「そらそうやろ」でしかない。こんなわけのわからない炎天下のもとで暮らしていたら、おかしくなってしまうことのほうが、至って正常なのではないかとすら思える。

しかし自分が罪を犯すわけにも、おかしくなってしまうわけにもいかないので、少しでも回避しようとせせこと健気に家ではエアコンを回す。そうすればどうなるかといえば、驚愕の高額の光熱費が請求されるのだ。嘘だと思いたい。これは社会の闇である。世のため人のために、自分がおかしくなって人様に迷惑をかけないために、エアコンを回すことで人間としての正常な倫理状態を保ち、今日も立派に犯罪に手を染めていないというのに、なぜ驚愕の高額の光熱費を請求されなければならないのか。こんな非人道的な行為は許されてはいけない。声をあげなくてはならない。夏場の犯罪率を低下させたいと思うならば、夏場の光熱費の半分を国が負担したって良いのである。

国じゃなくても良い。どこぞのクレイジーリッチでも良い。夏場の犯罪率を憂う金持ちを見つけ出して、早急にこの案を提出したい。でもどうせ金持ちなんて夏場の犯罪率を憂う心を持っているわけがない。金持ちが憂うのはニューヨーク株式市場ダウ平均株価のみだ。いい加減にするべきである。この不快な環境に何ヶ月も耐え忍ばなければならないという現実と、滅入っていく気分と、なくなっていく残高。あぁ夏が憎い。私は夏が本当に憎いのだ。

たぶん私は派生して、夏大好き！　夏最高！　と言っている人たちのことも、わりと簡単に憎めてしまう。夏大好き！　夏最高！　と言っている女はみんなインスタのハッシュタグがスベっているし、彼氏ができたらストーリーでくだらなく匂わせ（彼女たちは他愛ない日常の風景を切り取り「いつもありがとう」と主語を添えずに感謝を述べ出す）、フラれたら安い失恋ソングの歌詞をストーリーに載せる。それに加えて「私って嘘とかつけないからァ」という言葉を免罪符に他人への配慮をサボるし、どういうわけか常にゲイの友達を作りたがっている。

夏大好き！　夏最高！　と言っている男はみんな写真を撮るときにベロを出すし、ＺＩＭＡのことを水と言うし、カラオケでキンキキッズの『愛のかたまり』を不必要なほどに上手く歌いあげてはその場に妙な緊張感を生むし、海外の銀行で口座を作ってマネーロンダリングして、個人経営の店だと知った途端に食い逃げするし、捕まったらちゃんと泣いたりする、おぞましい人種である。

つまり夏は快適でないという性質に加え、治安の悪い連中のパーソナルスペースも増長させている。私は徳の高い人間なので、こういった連中のことも、この世のために憎んでいる。「夏めっちゃ好きやねん」とのびやかに宣う女を私は倖田來未しか認めないし、夏がすごく好きだという男はやっぱりＴＵＢＥしか信用していない。基本的に夏が好きだという奴にろくな奴はいないに決まっている。春や秋のほうが快適であるのは明白なのに、それでも夏が好きだと言う連中はテレビや雑誌の見過ぎである。あるいは夏の思い出、手を繋いで、歩いた海岸線、の世界観に溺れている。そうでなければ低体温症だ。夏の温度が生物的に快適だということでなければ成立し得ない。あと夏が好きだと言う連中は声もデカい。態度もデカい気がする。あと夢もデカい。デカいことやりてえ、みたいな顔もしている。春や秋が好きな連中は穏やかで、声もいつもちょうどだ。冬が好きな奴は、ちょっと今は話に入ってこないでほしい。

夏が嫌いすぎて、夏のない国を調べたことさえある。そんな国はなかった。夏のない国などはこの世になかったのである。どの国にも一定量の夏がある。信じたくない現実である。

ここまでくると私は夏という業を生まれながらに背負ってしまっているとしか思えない。生きている限り、夏というものから逃れられないのだ。考えただけでゾッとする。これこそが一番の納涼である（うまい）。

こんなことを書けば、夏が好きな人たちに嫌われてしまうかもしれない。私たちのハッシュタグはスベっていないとキレられかねない。食い逃げなんてするものかとタコ殴りにされたっておかしくないし、あるいは夏の素晴らしさなんかを勝手に説かれる羽目になるかもしれない。「それじゃあ夏祭りとか海水浴とかも行かないのね？」という、突拍子のない訳の分からない理論をしたり顔で浴びせられることもあるだろう。ああまた卑屈な女が、さみしい偏った意見を抽出している、と、鬱陶しがられるのが関の山である。お気づきだろうか、その通りである、私は少し、おかしくなっているのである。夏の暑さのせいで、正常な判断能力が低下しているのだ。秋にこの記事を読み返したら猛省することになるかもしれない。冬に読み返したら夏の憎さを忘れているかもしれない。春に読み返せばもう少し暖かくても良いのにな、などと油断しているのかもしれない。

でも私は今、夏のせいで、夏への憎悪をぶつけることを目的として文字を打っている。理由などはない。いつだって反抗に理由なんてないほうがいい。あるとすれば、分かってほしい、という、健気な可愛らしい欲求なのではないか。ともすれば理由なき反抗、私のことは今日からディーン・ロヒーと呼んでくれたって構わない。御察しのとおり、ボケの質も明らかに低下している。しかしそれを指摘されても、「は？　うるせえ」、と瞬時にエルボーしてしまえるであろうほどに粗悪で凶暴でむちゃくちゃな精神状態である。これらは全部、私のせいではない。私がエルボーをくらわせて傷害罪を背負う事になっても、それは私のせいではない。絶対に、すべて、すべてが、夏のせいである。

彼女たちについて

事務所の後輩に、女の二人組がいる。一人は小太りのわりにオシャレが好きでサブカルチャーと呼ばれるものを愛しているがんもどきみたいな顔をした女で、もう一人は細身で色白、髪の真っ黒な、顔の全てを一筆書きで描いてこの世に登場してきましたみたいな線の女である。私が覚えている最初の会話は、小太りのわりにオシャレが好きながんもどき女が私が着ていたTシャツを指さし半笑いで「それどこで買ったんですかあ」と不躾に尋ねてきて、その横で顔面一筆書きの女が肝を冷やしたような顔をしていたあの瞬間である。「おい失礼やな、ラブボートのTシャツやぞ」と胸を張って言うと、がんもどきが「えっラブホですか？」と言い、一筆描きも「えっラブホのTシャツ？」となり、私も私で突如降りかかってきた「ラブホ」という単語に変に驚き照れてしまい「いや、えっ」と言うのみで、その場に変な緊張感が生まれたあの空間が最初だったように思う。

同じ組織に属するという環境は人と人の距離を近めやすくするものである。それからがんもどきと一筆書きとは頻繁にライブやオーディション、ネタ見せなどで顔を突き合わせていたため会話も徐々に増え、さらに彼女たちは酒が大変に好きだということで、何かあればしょっちゅう一緒に酒を飲むようになっていた。私たちは本当にいつも酒ばかりを飲んで、どうでもいい話ばかりをしていた。ほれたはれたの色っぽい話にも無縁な私たちは、餃子の上手い食べ方はどうだの、部屋に置くゴミ箱は白い方がいいだの、宝くじはいくら当たるのが幸せなのかだの、びっくりするくらい本当にどうでもいい話ばかりをしていた。

一度、たまには酒以外の遊びもしようと話が弾み、20代の半ばの女性がするような東京らしい遊びをしてみようと、六本木のクラブというものに赴いた事もある。全員、初めてのクラブに緊張し、それぞれのオシャレをして六本木に集合した。私は「ＷＯＬＦ」とプリントされた帽子をななめにかぶって華麗に六本木に登場したし、がんもどきはフリンジが星型にあしらわれた、からし色の服を着て登場してきた（初めて見た服だったので「それ買ったん？」と聞いたら「いや前からあるやつですよお」と言っていたが、多分あれは買ってい た)。一筆書きは「東京中のビーズをここに今、ここに集めました！」みたいな、ビーズまみれの服を着ていた。服の生地がビーズで見えていなかった。私たちは互いの格好をどことなく見下し合いながら、クラブというものに到着した。

しかし六本木のクラブというものは、そんな変な格好の女たちが市民権を得られる場所では到底なく、私たちは何をどう動いたり揺れたりすればいいか分からないまま、30分もせずに逃げるようにクラブというものを後にした。さらにその夜は台風が直撃しており、帰り道は3人とも差していた傘が強風で飛ばされ、目も開けられない程の強い雨風を浴びながら、駅までの道、信じられないほどずぶ濡れになった。何もかもが思っていた六本木の夜じゃなさすぎていた。帰りの電車の中で一筆書きが濡れた髪をハンドタオルで拭きながら「なんか……東京は難しいですね……」と呟くので、私も「そうやな……」と心なく返したのだが、がんもどきだけは「また行きたいですぅ！」と前向きな発言をするので、私と一筆書きが「ははは……」と愛想笑いをして会話を終わらすという、非常に気まずい形で六本木クラブ旅は幕を閉じた。

思い返せば枚挙に遑はない程に、そのほかにも、彼女たちとは色々な時を、様々な空間で、共に過ごしてきた。

私たちは三人とも地方出身者なので、東京のハロウィンを見に行こうと繁華街へ出向いた事もあった。先に到着していた私とがんもどきが、交差点を挟んだ向かいで信号待ちしている一筆書きを発見したのだが、街に溢れるコスプレ集団のせいで、一筆書きは一筆書きで、あぶらとり紙のよーじやの女のコスプレをしているみたいになっていた。私とがんもどきはそれを見て、「よーじややん、なんやあれ」と言っていたら、それに気づいた一筆書きが恥ずかしそうに、たぶん照れ隠しから「よ、よーじやでーす」と自発的に言ってきて、なんかわからないが全員が恥ずかしい気持ちになったこともあった。

一応私は彼女たちにとって先輩なのだが、全くもってかっこいい先輩ではなかった。彼女たちは酒が極端に強いので、3人で飲んでいると必ず最初に私が酔いつぶれたし、いつも現場に遅刻してしまう私に鬼電やラインをくれて「今どこにいるんですか！」「まだリハ始まってないので大丈夫です！」「ヒコさんはトイレに行ってる事にしておきました！」「すみません、バレました！」などというスパイ的な活動もしてくれていた。私がネタ衣装に着替え終わると「えっそれ全然教師に見えないですよ」と、2人して私を、その都度、教師や店員やOLに見えるように衣装や小道具を足してくれていたりもした。出会ってから毎年、私の誕生日だけはと、二人の金で酒を飲ましてくれた。一度「もう別にいいよ私が」と会計をしようとすると、酔ったがんもどきが「いい加減にしてくださいよ⁉　いいって言ってるじゃないですか⁉　そんなんだからかわいげがないって言われるんですよ‼　ここでお金使うくらいならちゃんとした靴はいてくださいよ‼　靴、意味わかんないんですよ‼」とブチギレてきた事もあった。すごく怖かったし、ちょっと言い過ぎだと思った。一筆書きも「言い過ぎだよ」とかのフォローは特にせず、ワインを片手に持って揺れていた。

こんな番組に出たいだの、一緒にロケ行けたら最高だの、その場合は必ず酒を飲む企画にしようだの、楽しい気分で理想を言い合う酒の席もあれば、好きなことをやるという暮らしを選んだのは私たちではあるものの、付随するのは幸せな事ばかりではない日の酒の席もあった。彼女たちが暗い顔をしている時は、上手く励ましてやりたかったけれど、自分はそんな器ではないので、いつも大して気の利いた事は言えず、ごまかすようにどうでもいい話ばかりをしてその夜を終わらせていた。彼女たちは自分のペースで、自分たちの個性を大切にしながら、変に洗脳される事なく我流を守り、それでいてきちんと、誠実に、努力をし続けていた。

がんもどきはみんなからよく愛され、叱られ、ふてくされ、やがて反省し、謝り、やっぱりみんなから愛されていた。一筆書きはその線の細さと雰囲気の柔和さのわりにメンタルは頑丈で、確固たる自身の信念に沿った言動を徹底していた。彼女たちの舞台が素晴らしいと勝手に誇らしくなったし、反応が悪いと勝手に悔しくなった。贔屓目かもしれないが、彼女たちが作り出すものは見るたびにどんどん素敵になっていて、やっぱり勝手に嬉しくなっていた。だから彼女たちに、「解散します」と、一筆書きから、「辞めます」、と言われた時は、身体がちぎれるかと思うほどつらかった。

彼女たちが悩んでいる間、できれば辞めないほうが良いのではないかと伝えてはいたものの、最終的に彼女たち自身で選択し、気持ちよく決断する事が大事だと思っていたので、やいのやいのと押しつけがましく、ひとりでに熱くなったり感情的になったりはしないでおこうと決めていた。しばらくして、「辞めます」と伝えられた時は、ああ遂に、選んだのかと、決めたのかと、なんというか、身体の力がするすると抜けていくような感覚になった。そして何度も何度も、もう決めたのかと尋ね、何度も何度も、「決めました」、と返され、でもやっぱりこのラリーでどうにかならないかなと願いを込めながら、それでも何度も何度も、もう決めたのかと尋ねていた。決めたのであれば、その決断を尊重する事をしてやりたかった。迷い悩んで下した決断に対して、背中を押す言葉をかけてやりたかった。

しかしそんな事も私はかろやかにしてやれず、もう決めたと何度も言っている彼女たちに対して、アホみたいにしつこく「決めたん、決めたんかあ、決めたんやな、決めたん？」と尋ね続けていた。あまりのしつこさに我慢できなくなった彼女たちは、最終的にめちゃくちゃ笑っていた。

芸人と呼ばれている人たちが、いつ芸人と呼ばれなくなるかなど、誰にも分からない。それは芸人なんていうものに限らない事で、あなたの上司がいつ上司でなくなるとも、同僚が同僚でなくなるとも、恋人が恋人でなくなる、友人が友人でなくなるとか、そんなものはやっぱり分からないのだ。だからお客たちはいっぱいライブに来てくださいなどと言うつもりはなくて、なんというか、そういうものなのだと思う。どれだけお客たちが通い詰めてくれてそれが真から私たちの活力になろうとも、芸人たちがいくら辞めないでと切に説得しようとも、恋人に行かないでと言おうとも、友人に仲直りしようよと言おうとも、時には抗いきれない、どうにもできない、ひとつひとつの考えがあって、ひとつひとつの決断があって、ひとりひとりの人生がある。交錯できている瞬間というのは、非常に儚く、尊いものだ。私にとっては、彼女たちが芸人と呼ばれる人生を歩んでいた時間と、私が芸人と呼ばれている時間が交錯できた事は、とんでもない幸運だった。彼女たちがたくさん愛されたこと、たくさんいいコントをしてきたこと、たくさんのいい空間を与えてくれたことは変わらない。これから誰がどんな風に何者と呼ばれるようになろうが、彼女たちが私にとってとてつもなく大切な存在である事もまた変わらない。

選択をし、決断した事を、立派だと讃えてやりたいし、労ってやりたい。そしてこの選択は正しかったと、いつでも幸せそうに言っていてほしい。良い居酒屋を見つけるたびに彼女たちに連絡する癖は別に治さないまんまでいようと思うので、これからもどうかくだらない酒に付き合い続けてほしいものである。いや、くだらない酒にならないように、いい酒をすすれるように、まず私が高所得者にならなければならないのだ。これまで、と、これから、の、はざまは、時に明確な直線があり、時にゆるやかな色味で変化していくものである。

彼女たちについて今私が言えることは、これまでと変わらず共にたっぷりと酒を浴びているうちに、気が付けばあらゆるものが「これまで」になっていたらいいな、ということぐらいである。

バイト

二年ほど前、久しぶりにアルバイトを始めることのできる時期があった。「久しぶりに」というのは、何も怠惰でアルバイトをしていなかったわけではない。

私は生まれ持った天賦の人相と態度の悪さで、ことごとくアルバイトの面接に落ち続けることに成功していた女なのである。

そんな中でわりとすぐに受かるのが水商売と飲食店のアルバイトだったため、自ずとそれらのアルバイトの経験が多いわけだが、当時の私はホステスとしてお客様の機嫌を損ねぬよう神経を使い続けることにも、飲食店で他人に次に飲む酒を言われ続けることにも、それはもう嫌気がさしている時期だったのだ。さらに、このままお笑い芸人として食えないままかもしれない、食えないままということはつまり、足を洗わなければならないということと同義語であり、芸歴10年目が見えてきていた頃、廃業も考え、地に足をつけた仕事ができるようにならねばならない、昼職の仕事に取り組んでみようと思い立っていたのだ。私の最難関である面接においては、入念に薄い化粧を施し、嘘くらい笑顔でい続け、面接官である男性社長のくだらない冗談にも大げさに笑ってみせるなど自分を『ガラスの仮面』の北島マヤであるというように暗示をかけて芝居をしてみせ、見事マヤ戦法で合格を勝ち取ったのだった。

件のアルバイト先は事務職で、久しぶりにアルバイトに合格したという高揚により、朝9時出勤のところ、毎朝8時50分には必ずデスクに座るという私の人生の中でも信じられない気合いの入れようであった。これまでどんなアルバイト先でどれほど小言を言われようが、サンダル出勤を徹底し続け「あの人はもうしょうがない」「あの人はどこかおかしい」と、周囲の諦めを勝ち取ってきたこの私が、懇切丁寧に毎日靴下を履き、スーパースニーカーで出勤していた程、とんでもなく懸命に取り組んでいたのである。

初出勤のその日は、信じられないほど膨大な仕事内容に唖然としていた。

言っても事務職のアルバイトの経験が皆無ではなかった私は、なんとなくこのくらいの量だろうと推定はしていたものの、その推定量の10倍はある仕事量だったのである。

すると背の低い大太りの、髪の毛が極端に少ない男性社長がさっと横にやってきては
「この仕事は覚えるの1ヶ月かかるからねえ〜。う〜ん、君はどれくらいで覚えられるかなあ〜？」

などと言ってニヤついてきたので、その瞬間、完全に何かの火蓋が切って落とされたのだった。

私はむちゃくそ必死でその仕事内容を丸2日で覚え、3日目に行われた社長によって突如行われた抜き打ちテストにも合格するという大偉業を成し遂げた。（ものすごくいちびられたが、しっかりと我慢もした）（そもそも己で1ヶ月かかると言っている仕事内容のテストを、3日目の新人アルバイトにくらわそうという根性が気に入らない）（抜き打ちというところもかなり気に入らない）

私の他に勤めていたのは女子大生から25～35歳くらいの女性が主で、みな華やかで綺麗な女性たちだった。流行的なひらひらしたオフィスカジュアルな衣服を身にまとい、ハイヒールやブーツを履きこなし、髪を巻いたり、逆に巻かなかったりなどもしていた。綺麗で華やかでないのは私と岡田さんという40代半ばくらいの女性だけだった。そういうわけですぐに私と岡田さんは意気投合するかと思われたが、よく観察してみれば岡田さんも岡田さんで凝ったネイルをし、髪にもおしゃれっぽいヘアピンやシュシュなどをつけていることに気がついた。私は勝手に「華やかではないのは私と岡田さん」などと早々に決めつけていたわけだが、おしゃれをしているのにそんな風に早々に決めつけられてしまう岡田さんに対してとても不憫な気持ちになり、なるべく岡田さんを中心に爪やシュシュを褒めたりしようという慈しみの心もお見せしていた。

普段、ライブの楽屋などでさえ人と話すのが不得手で、本番ぎりぎりまで一人で喫茶店にいたり、楽屋にいなくてはならない時も、ひと気のない喫煙所に逃げ込んだりしてコミュニケーションそのものから逃げ回っているような私が、赤の他人のシュシュを褒めたりしているわけである。

「シュシュかわいいですね」

「えー？　ほんとですか、ありがとうございます、シュシュつけたりしないんですか？」

「しないですね～」

「そうなんですね～」

という実りある会話を繰り返していた。この場合、一心不乱にコミュニケーションを取ろうということの心意気を評価して欲しいわけである。

みんなが嫌がる掃除も率先して、しっかりと挙手をしてから「私がいかしてもらいます」と宣誓をした上でレレレのおばさんと呼んで頂いても遜色ないくらい掃除していたし、誰かが「コーヒー飲みたあい」とこぼすと、「私が淹れます」とスチャッと立ち上がり、あごの下あたりで小さめの「ラジャ」のジェスチャーをすることも忘れなかった。クソみたいに腹が立つ女子大生にクソみたいな意地悪を言われても「わあ！　しっかりしてますね！　ありがとうございます！」と、指先だけで拍手をしたりしては確実に懸命ポイントを叩き出していたのに、10日目でクビになった。理由は「感じが悪いから」であった。

10日目の昼、すごく意地悪な女子大生の中村さん（仮名）に、すごく意地悪な事、半笑いで「暗記は早いけど、暗記が早いだけって感じですよね〜」と言われたので、反射的に、ちょっと、ほんの少し、ちょっとだけ、「は？」と言って、ちょっと睨んでしまった。その直後、社長から別室に呼び出され「どうにもやっぱり君さ、感じが悪いからさ、月末まででいいかな」と言われてしまったのであった。

頭上から稲妻、ガビーンである。確かに気を抜いていた、うまくやれていると思いすぎていたのかもしれない。始業の10分前に着席すること、岡田さんを中心に周囲の女性たちを褒めそやすこと、雑務も率先して行うことに、あぐらをかいていたのかもしれない。

いくら中村さんがそもそも鬱陶しかったとはいえ、油断して少しだけ睨んでしまったのはこちらの落ち度である。しかしようやく掴み取った2年ぶり8度目のアルバイトを手放すわけには行かないので、ここは冷静に理知的に考え、最も適した判断をしなければならないと思い、一瞬で脳内をフル回転した結果、まずはきちんと自分の非を認め、それからこちらの意見を述べさせて頂こうと至った。

「確かに彼女を睨んでしまった事は私が未熟だったと思います。本当にすみません。でも彼女も彼女で、」と反省の意を述べながら食い下がろうとすると、「えっ睨んだの？」と驚かれた。え？ と固まってしまったが最後、私の視界には、東映の昔の映画に出てくるペンキで書き殴ったようなテロップ「女!! 墓穴を掘る!!」が、ババーン！ と勢いよく登場したのであった。

テロップが引き続き映像の中に映り込んでいるまま、社長は「あのねえ、睨んだらダメだよ、睨んだりしたら本当にダメ、なんでそんな事するかなあ」と呆れたように言い、私は、クッソやられた、と思いながらも、ここは毅然としなければならないと奮起し、冷静沈着な態度で言葉を並べた。

「いえ、睨んでいません」

「今、睨んだって言ったじゃない」

「睨んだというよりは、見つめていました」

「なんで見つめるの？」

「続きを教えて欲しかったからです」

「変じゃないそんなの、続きを教えてくださいって言ったの？」

「言いました」(言ってない)
「本当?」
「本当です」
「ちょっと中村さん、こっち来てくれる?」

そうしてまずい事に、社長は中村さんを呼び出し、「ねえ、続き教えて下さいって言われた?」と尋ねた。中村さんは案の定「え? 言われてませんけどお?」と鼻で笑うような半笑いで言い、私の嘘は一瞬でばれた。(完全にばれているのに「いや、言いました」と折れずに嘘を突き通す芯の強さも一応お見せしておいた)

更に社長がまた中村さんに「ねえ、睨まれてるなあって思った事ある?」と尋ねると、クソ女は「うーん、1日に3、4回くらい?」とまた鼻で笑うような半笑いで言ったのであった。

なんじゃこいつら⁉ と思いながらも、「いやいや、さすがにそれはないですやん!」とこちらも負けじと、しかしなるべく朗らかに、ちょっと笑いながら言うも、2人は真顔でいるのみで、なんか私がすべったみたいになってしまった。クビになりかけているしスベっているし墓穴も掘っている。スべったことが一番納得がいかない。

それから社長から追攻撃で感じの悪さについて説明されはじめてしまい、もうさすがにそこで縋り付くほどの馬力はもはやなかった私は、社長から「ということで、月末まででいいね」と言われた瞬間、「いやなんで月末までおらなあかんねん」「もう今日まででいいです」と言い残し、部屋を出て頭を抱えながらいったんたばこを吸いに行った。

そして冷静になってよく考え、また職場に戻り、社長に「やっぱり今日はもう帰ります。月末までのシフトも入りません。私が作った資料は全部シュレッダーします。給料は今日までの分を振り込んでおいてください。社長は感じが悪いとおっしゃられましたが、私は学生時代にマクドナルドのアルバイトでマックスマイル賞を受賞した事があります。お疲れ様でした」と、青い炎をぼうぼうに燃やしながら、めちゃくちゃ変な嘘をついてアルバイト現場を去った。

帰り道、睨んだことを知らなかった社長が私に向かって「感じが悪い」と言っていた事について疑問に思った。それを知らなかったのに、感じが悪いと思われていたとは、一体どういうことなのか。

だいたい、シュシュを褒めてる時も感じが悪かったということなのだろうか。みんなが嫌がる掃除をしている時も感じが悪く、その挙手の勢いも感じが悪く、コーヒーを淹れる時も感じが悪く、小さめの「ラジャ」をしている時も感じが悪く、女子大生に小さな拍手を送っている時も感じが悪かったということなのだろうか。そんなことがあるのか。それは一体、どういう現象なのか。私は一体全体、意気揚々と何をしていたのか。だいたい、あんないつも鼻で笑うような、人を小馬鹿にしたような言い草をする中村の方が感じが悪いではないか。ふん。

とは言えまあ、本当のところは分かっている。私は「我慢」をしているつもりでも、きっと「みんな」の公約数的な「我慢」はできておらず、コミュニケーションに必死で取り組んでいるつもりでも、「みんな」の基準には到底達していなかったのだ。幼い頃から「愛想がない」と言われ続けてきた経験もあり、どうせ他の子たちみたいにニコニコ愛想よく出来ていなかった点がクビ墓穴おスベり女の誕生に繋がったのだろう。

私は、どうして「みんな」と同じようなことがかろやかに出来ないのかと、こんな経験は人生で初めてではなく、小さな頃から現在に至るまで、定期的にぶち当たってきたくせして未だにしっかり頭がくらくらする。昼下がりの地下鉄の電車に揺られながら、しっかりと、とんでもなく、くだらない気分になった。

オーマイ絶望を引っさげ、意気消沈しながら芸人仲間たちにこの話をすると、みな揃いも揃ってげらげら笑いながら「そんなとこ行かなくていいからネタ書け、ぜいたくは諦めろ」と言うのだった。まるでトモエ学園にやってきたトットちゃんのような安心感と開放感である。「みんな」と同じことができない自分が、疎ましがられず排他される事なく、おかしんで受け入れられている。この人たちの中に居られる唯一の方法がネタを作り続ける事なのだろうと、身体ごと雑巾絞りされたみたいに、きゅっと決意させられた。それはそれで面倒な瞬間もあるのだけれど、向き合い続けなくては生きていけない。まあ、何かひとつでも自分が自分らしく生きていける手段が見つかっているということは幸運なことである。しかし本当は、15個くらいあればもっと幸運だということにも、とっくに気がついている。だけれど結局、人生とは配られたカードで適切な勝負をするしかないという言葉があるように、私は私の身体で適切に生きていかなければならない。とはいえ私の適切な勝負がこれで合っているのかは、未だ定かではないのである。

ドンキのジーパン

家賃滞納している身分のくせに一枚だけ服を買いに行こうと意気揚々と街へ繰り出した。理由は、あまりよく知らない人から突然の大デートの誘いに見舞われたからだった。該当男性は綺麗めカジュアルなスタイルが印象的な、とんでもなく清潔感のある男性で、一方の私といえばドンキで買った980円のジーパンともらいもののTシャツという驚安の殿堂カジュアルを好む、読んでいるファッション雑誌の名前など言おうものなら雑誌側から二度と言わないでくれと金を積んでもらえそうなスタイルでお届けしている女である。

そんな奴が清潔感あふれるキレカジ男性の横にいて良いわけがないという事くらいは分かるので、少しでも横にいて何とかなりそうな、あわよくばモテそうな衣類をこの手で掴もうと奮起し、しばらくぶりに大ショッピングをする事にしたのであった。

そういえばドンキで買った980円のジーパンはもう6年くらい履けている。つまりこれは、1年約160円のジーパンということになる。素晴らしいコスパである。ノットファストアイテムというわけだ。とんでもないエコでもある。このジーパンを履き続けていたら人々に尊敬され、世界中から拍手喝采され、国連から環境とファストファッションについてのスピーチを頼まれることになるのだろうが、モテるためには諦めなければならないものもある。私は人々からの賞賛と尊敬の眼差しと1年約160円のコスパを捨て、モテる服を手に入れるのである。

新宿のあらゆる服屋で「モテそうな服！」と息巻いてあちこち服を見ていたのだが、何が何だかわからないうちに、どんどん衣類というものにゲシュタルト崩壊を起こしてしまい、さまざまな衣類で出来た壮大なうずまきの中にあれよあれよと自分がずるずる吸い込まれているような不気味な感覚に陥っていた。

そもそもモテそうな服、というのが何かよく分からず、いや、ある程度は分かる、ひらひらしたスカートとか、てらてらしたトップスとか、さらさらしたワンピースとか、なんとなく分かることは分かるのだけれど、自分はそういう服が特に素敵とは思えなくて、素敵とも思わないしかっちり似合うわけでもないし、特に素敵と思えない似合わないものを購入する事について、家賃滞納している身分で、しかも国連でのスピーチチャンスも捨てて、そんなに素敵とは思えない似合わないものを購入するのは、これは一体なんなんだ、などと考えを巡らせていたら、巨大な衣類うずまきは更にスピードをあげ、ごごごとうずまいていき私は身体ごと吸い込まれきってしまった。即ち、大ショッピングは何も手に入れられないまま強制終了である。

手ぶらで目眩がしながら服屋をでて、ふらふらとよろめきながら喫茶店に入り、精神を落ち着かせていると、件の男性からデートの日時が送られてきたのだが、なんともそのタイミングである。横にいる自信が皆無だし、衣類でなんとか誤魔化そうと思ったものの完全にゲーを吐きそうになったし、あらゆる衣類と対等に戦えないということで自尊心が粉砕されきっているし、というむちゃくちゃくそな理由で、仕事が入ったと言っていったん断ってしまった。えげつなき臆病者、何にも変われていない、いつまで経っても妙な不安とビビりが付き纏う。

くさくさしながら家に帰ると、同居人のつるちゃんがどこかへ出かけるというのでおめかしをしていた。つるちゃんの服は別にいわゆるモテファッションというわけでもないのに、とても素敵で可愛らしかった。彼女は自分の好きな服を着て、楽しそうで魅力的だったのだ。私は勝手に「該当男性は女子アナルックが好き」と思い込んで、勝手に自分は「こんなもん該当男性にがっかりされる」と落ち込んでいたのがとてもばからしく思えた。ジーパンにTシャツでも、私自身に似合っていればまるごと素敵に見えるのじゃないか、私が好きな服を着て、その服を着ることでありのままの自分を表現し、理解してもらえたら良いのではないか、また妙な臆病心によってほれたはれたから逃げていても何も変わらないじゃないかと、考え直したのである。

もう服屋に服は買いに行けないけれど、明日のデートには行こうと思いなおし、該当男性に連絡をした。「明日いけるようになりましたので、やっぱりどうでしょうか？　ただ、綺麗な服がいま全然なくて、いつものドンキのジーパンで行ってもいいですか？」と、率直に素直に尋ねてみた。ドンキのジーパンこそが私が私らしく振る舞えるアイテムなのだ、怯むことはない、ありのままの自分で登場してみる覚悟を決めたのだった。

するとすぐに該当男性から返事が来て、そこには「ドンキのジーパンはやめてよ笑」と書かれていた。ドンキのジーパンは、やめてほしがられていた。私と6年間共に過ごしてきたドンキのジーパン、私が自分に一番似合う形だと思っているドンキのジーパン、1年約160円になるところまで頑張ってくれているドンキのジーパン。そんなドンキのジーパンは、やめてほしがられていた。私は震える手で「二転三転してごめんなさい明日むりです」と送って、ゆで卵を食べて寝た。

電子書籍を利用するようになったのはここ数年の話である。なかなか慣れるまで苦労したものだったが、慣れてしまえばその途方がない利便性の高さの虜になってしまい、もうこの先の人生は電子書籍なしでは生活できないだろうとさえ予感するほどである。もちろん紙の本も読むのだが、割合としてはここ数年、電子書籍で読書を楽しむことのほうが若干多くなってきた気もしている。

私が電子書籍を推薦する理由としては、風呂場で読める、部屋の電気消してからでも読める、「本読んでるって思われたくない」場面でも周囲の目を気にせずに読める、大きくは以上の三点である。特に三つ目、これがとても重要なのである。

私はライブの楽屋や、オーディションの待ち時間などでもその本の続きが気になれば読書をしたいたちなのだが、若者たちがこぞって集う騒がしい楽屋の隅で一人、文庫本をしっとりとひろげるなどという行為はとんでもない禁忌なのである。そんなことをすれば、あの騒々しく野蛮な「若手お笑いライブの楽屋」の光景の中では浮き立ち、異常に目立ってしまうからである。こんな仕事を選んでおいてあれだが、私という厄介な人間は注目されるということがひどく苦手で、少しでもそんな渦中に放り込まれてしまえば恥ずかしくて萎んでいってしまいそうになる。しかも目立ってしまえば最後、一人きりで本を読みたい気分のはずなのに、お笑いをするために上京してきたガッツあふれる若者に

「え！　ヒコロヒー！　本読んでるやん！」

などと、舞台で培った腹筋と発声をフルに活用した声量でガサツに叫ばれてしまうのである。そのカラスの一声をきっかけにその場にいた多くの若者たちがそぞろにこちらを振り返れば、血液がぐっと巡って顔がじっと火照るのをいやが応にも感じざるを得ない。読書をしているだけで、読書してるやん、と、祭り上げられてしまう自分と、その自分が放っている妙な印象とも向き合わねばならないのだ。

そして忘れてはならないのは、相手にしているのはただの若者ではないということである。お笑いをするため、誰にも頼まれていないのに「笑いで天下をとるんや」などと雪国や南国で人知れず誓いを打ち立てて上京してきた、あの、ガッツあふれる若者たちなのである。

私の「ああ、なんだか一人で本を読みたい気分……」という繊細なガラスのハートは、上京ガッツくんの声量で一瞬にして粉々に破壊されるのである。想像するだけで心臓のあたりがずんずんと痛んでくる。普段はなるべく、人様にご迷惑をおかけせぬよう、余計な煩わしさを与えてしまわぬよう、慎んで楽屋に佇んでいるつもりだ。それが楽屋で文庫本をひろげるようなまねをして万が一目立ちでもして、そんな事態に発展することだけは絶対に避けたいのである。

さらには別のパターンもある。楽屋の隅で文庫本をひろげるような禁忌行為をしでかした場合、あまり話したことない人から「おっ、何読んでるんですか？」などと気さくに話しかけられかねない。

あまり話した事ない人に気さくに話しかけられる、という時点でハードモードに突入したような感覚に陥るのに、それだけでは済まずさらには自分が今、何を読んでるかも発表しなければならない義務を背負い込むのである。あまり話したことない人を気さくにつかまえて、急に読んでるものを発表させるなんて、思考回路が野蛮そのものというものだ。気さくというのが余計に厄介で、その一連の流れはどう考えても軽犯罪に抵触しているとしか思えない。

というわけで私は芸人があふれる場所では絶対に文庫本をひろげて、一目で読書をしていると分かるような目立つまねはせず、いつからか空き時間などはあの忌々しい楽屋から逃げるように一人こそこそと喫茶店へ向かい、こっそりと読書をするようになった。

だがしかし、それがKindle for iPhoneなら、どこにいても「スマホをいじっている」という状態に見えるため、妙に目立ってしまうことがないのだ。これには革命的な感動があった。もちろんのこと私のようなオープンマインドでフレンドリーな人間は、スマートフォンにしっかりと覗き見防止シートを張っているので、Kindleで読書しているということも気付かれはしない。Kindle for iPhoneのために感謝の一曲でも作ってやろうかと思うほど、あの野蛮な楽屋での居心地は向上し、逃げ込んでいた喫茶店代も多少は浮くようになった。

忌々しく野蛮なあの楽屋、そこにいるのが苦手で、ガッツあふれるきらきらした若者たちの輪にうまく溶け込めなくて、場を掌握しがちな中心きらきらガッツに見つからないよう存在感を消すのに必死で、いつも出番ぎりぎりまで喫茶店に逃げ込んでいたあの楽屋、まさか少しでも恋しくなる日がくるとは思いもしなかったが、あの騒々しくて忌々しい楽屋が恋しいのか、それとも逃げ込む喫茶店が恋しいのか、今はちょっと分からないままである。

春はスピッツ

春はスピッツ

春はあけぼのだという説もあるけれど、春なんか俄然スピッツである。やはりスピッツは、陽だまり、とか、小ぶりの花、とか、あたたかい昼下がり、青く短い草、初めて通る道、うすい紅茶、など、春ものとの親和性がかなり高い。

春のスピッツ、スピッツのものならなんだってよい、スピッツを聴くのは年間でいえば「これは完全に春」と判子のつける2~3週間のみで、この2~3週間こそが、スピッツの最大の出番であり見せ場なのである。私の中のスピッツはこの2~3週間に毎年相当イカした春めきを披露してくれているので、スピッツとしての地位を確立することに成功している。「スピッツ」という名前も、非常に春らしくてよい。まるでわらびやつくしや菜の花を混ぜ合わせた料理をフランスで提供する時の名前みたいだ。スピッツ、シルブプレ、完璧な春料理、キャラメリゼ、グラッセ、スピッツ、とてつもなく柔らかな食感だろう。スピッツ、昼下がりの陽だまりのなかをスピッツを聴きながら、だっと坂道を自転車で下がっていけば、全く何の役にも立つ気配こそないものの、完全なる無敵感がそこに誕生するのである。

とはいえ、スピッツが与えてくれる素晴らしい無敵感では敵わない、ハードウイルスCOVID-19の無双状態が続いている。私ごときでさえ、エンタメ業界がくらった打撃の最後の方の小さな小さな余波を浴びた結果、3連休×3、そして4連休、プラス10連休、みたいなとんでもないスケジュールになっている。ウイルスのせいで興行イベントが立ち消えていくことについて、誰かは持論を展開したり、誰かはそれを受けて感心したり否定したり、誰かと誰かは議論を交わし、また別の誰かと誰かは結託はたまた論争になったりしている。

仕事ができないこと、決まっていたライブが大止（中止より上のもの）になったことなどについては個人的な感情はあるけれど、至極真っ当な判断であると深く理解している。この状況がいつまで続くのかも分からない不安と、当初のスケジュールが日々変更されていくことで蓄積されていく小さなフラストレーションは無くもないし、なんとなく蔓延っている一挙手一投足を自粛するべきなのではないかみたいなムード、相反して若者たちの無敵さと呼ぶには悔しい無謀さには呆れてしまう。お笑い芸人と呼ばれる人間たちがこの状況をどれほどユーモアで打ち鳴らそうとしたところで、不謹慎だと首根っこ掴まれて処刑台に引っ張り上げられてしまいそうな雰囲気さえある。

私もなかなか気が滅入りそうな瞬間はないこともないけれど、この機会を、自分の状況を、なにか前向きに受け入れて、なんなら少し楽しむところまでもっていこうと考えた。そして、少しは、楽しめている。楽しめている、などと言いきると、楽しむなよ、と言われても仕方ないのだけれど、でもやっぱり、楽しんで何があかんねんと、私は明記しておこうと思う。それは、この異常な状況を、喜ぶとか茶化すなどの楽しみ方ではなくて、制限があるならあるで、その中での自分の楽しみを新たに見出すことである。お笑いができず、芸人たちと会えず、外出ができず、贔屓の焼き鳥屋にも行けず、瓶ビールを飲む機会はほぼ奪われ、マネージャーからは直々に「雀荘に行かないでくださいね」と念を押されてしまった私にとっては、「常日頃の楽しみ」はウイルスがかっさらっていってしまったけれど、これからの「常日頃の楽しみ」を、今、この機会に、自分でどんどん生み出していったらよいのだ。

それで、まずスーパーに行ってたくさんのお酒を購入した。お酒はとにかく素晴らしい。素晴らしくない理由のほうが数多く語ることができるが、たったみっつかよっつの素晴らしい理由のほうが、素晴らしい。私はお酒を飲みながら家事をすることが大変に好きなので、昼から飲みながら、部屋中を掃除したり、別に大して好みの料理というわけではないけれど、作り甲斐のあるような工程が複雑な料理をはりきってしている。

なんだってよい。途中で読むのをやめてしまった本の続きを読もう、気になっていた海外ドラマをまとめて見始めよう、手帳をまとめよう、ネタを作ろう、映像をつくろう、この機会に、という具合だ。その他にも「こういう機会なので」という気持ちで、ひとつひとつを楽しむことで、この狂った状況も気が滅入るばかりではなくなるのではないかと考えているし、不安になったり深刻な顔をすることだけで私たちの貴重な時間を浪費していくことは、回避できるような気がする。楽しむべきではない、不謹慎である、という風潮があるのかもしれないけれど、それぞれが各々で楽しみを見つけ出したほうが絶対によいに決まっている。

他人と接する瞬間があるのならば、自分が感染源になっている事を想定しながらの行動を心がけることは徹底して気をつけながらも、家に帰ったら思いっきり踊ってやればよい。ギターを弾いて、断捨離もしよう、こだわった絵を描いたり、ミシンでいつ着るねんというようなワンピース作ろう、ほったらかしたままのレザークラフトを完成させよう、ちょっと瞑想をしてみよう、ああヨガもやってみよう、なんか一曲つくろう、ラジオを聴こう、そういえばあのラジオも久しぶりに聴こう、あ、ラジオトークをやってみよう、なんでもよいのだ。家であなたが楽しむことを、誰も邪魔することはできないし、その瞬間を奪うことはできない。目に見えない不安に支配されて暗い顔でいるよりも、その1日、その1時間を、「こんな機会なので」楽しんでいてほしいと思う。

ドイツのことわざに「ユーモアとは『にもかかわらず』笑うことだ」というものがある。それほどユーモアというのは、たくましさを要するものなのだろう。茶化したり、軽視するような低質なそれではなく、質のよい、美しい、香り高いユーモアで、この状況「にもかかわらず」おかしめるものを感じていきたい。笑えなくなる事態になり、笑えなくなる日がきて、笑うことでスベるみたいな瞬間がくるまで、いけるうちは、なるべく、抱くべき危機感を左手に、ユーモアを右手に持って、スピッツを聴いていたい。

お客

自分を応援してくれている人を「ファン」と呼ぶのがなんとも照れ臭くて、彼ら彼女らのことを基本的には「お客」と呼んでしまっている。たまに、自分てきにイキらせて頂きたい気分の時などは「なんと！　こちら！　ファンの方に頂きました！」などと言って存分にイキらせて頂いたりもしているのだが、ていうか別にイキるイキらないではなくそう呼ぶ方が普通なのだろうけど、自分の中では勝手に妙な気恥ずかしさがあって「ファン」と容易く呼べないでいる。

「ファン」はおろか「お客」と呼べる人もいない時期も長かった。大阪は千日前にある味園ビルという飲食店が雑多に立ち並ぶ一角にある「白鯨」というバーの小さなスペースでネタをしていた頃、お客さんが2人だとか3人だということはざらにあった。それも私の「お客」ではなく、他の出演者の方々の「ファン」である。

それからとても長い間、そんな時期は続いていた。必死でチケット売らないと誰もライブに来てくれないとか、事務所ライブでも集客ノルマを守れずに、ライブ終わりには毎回いつも三日月マンハッタンの又吉さんと私の二人が反省会で名指しで「又吉さんとヒコロヒーさん、毎回ノルマ守れてませんよ」とみんなの前で事務所の人間に叱られ、気まずい思いをしながら毎回二人でいそいそと自腹でノルマを払いに行くとか、劇場出てすぐ男性に「ヒコロヒーさん！」と声をかけられ（オッ！　おもろかったんか⁉）と思うと「いや～今日の衣装は微妙だったよね〜」などと言われるとか、は？　やかましわと言って帰るとか、後からその人にツイッターで死ぬほど文句書かれて白目むくとか、そういう時期がもう何年も続いていた。

そういうわけで、自分の単独のチケットが発売開始からよそ見している間に完売したとか、誕生日に事務所に贈り物やお手紙が届くとか、自分のイラストを描いてくれる人がいることとか、劇場を出たらいくら暑くても寒くてもずっと私を待ってくれている人たちがいることとかに対して、一体これはなんなんや？　私か？　私で合うとんのか？　ほんまに私の人生か？　と、未だに信じられないことの方が多い。

それはとても有難いことだと心から考えているので、お客の人々にはなるべく一生私を応援していてほしいけれど、環境や心境の変化で誰かを応援するモチベーションなんてどうとでもなる。

数年前から応援しだしてくれたある女の子がいる。彼女は私のネタがとても好きなのだと、たくさん言葉や、あるいは文字にして伝えてくれた。そんな彼女が最近の私の舞台を見にきてくれた際に「客席の感じが変わっていましたね」と、少しさみしそうに打ち明けてくれたことがあった。私自身が変化せずとも、渦巻く環境や、取り巻く人々というのは否が応でも変化していくのかもしれず、その変化が好みではなかった場合、ずっと応

お客

援してくれていた人たちに淋しい思いをさせてしまうこともあるのかもしれない。

もちろん私自身はずっと見たいと思って頂ける芸をやり続けようと努めているつもりだが、それとは全く関係のないところで抗えない変化は生まれる。悲観的な意味では全くなくて、いつかみんな死ぬ、くらい当然のことのように、きっとみんなおらんなる、自分も含めて、と、どこかで思い込んでいる節はある。

だからこそ一回一回の舞台や、そこに来てくれている事を、応援してくれる事を、大変有難く尊く感じているし、全部がとことん脆弱で意味不明の儚いものだという思いから、森田童子の『みんな夢でありました』をよく聴くはめになっている。現実が幻に見えてくる一曲である。

2020

丸一日休みにできそうな日が生まれたので締め切りのものや宿題のものを猛烈に前倒しして終わらせ、綺麗にまるっと一日休みの日を作ることに大成功した。心ゆくまで寝て当然のように朝を潰し、昼頃にのそのそと起きて身支度をして映画館に行き本日一本目の映画を観ることに成功した。それからまた別の映画館に行ってチケットを購入し、上映時間まで近くの喫茶店で手帳をつけたり読書をしたりしてそれはもうゆとりある贅沢な時間を過ごし、上映時間が近付いてまた映画館へ舞い戻り、本日二本目となる映画を観終えた。映画館を出てもまだ午後7時くらいだったため、今日くらい良いのではないかと自分を説得するようにまた別の映画館へ向かって映画のチケットを買い、それから、蕎麦が食べたくて入ったはずの蕎麦屋で蕎麦よりも美味しそうだった親子丼を食べた。それでもまだ時間があったので古本屋に寄り、また喫茶店で読書をし、見事に三本目の映画を観終えたのであった。

我ながらスムーズな映画館の乗り換えっぷり、こら東京メトロもびっくりやでえ、などとお調子に乗りながら帰宅すると、本当に腰が抜けるほど自分の部屋が汚かった。映画を三本観ている間に、なぜ自分の部屋をちょっとだけ綺麗に脳内補正していたのか訳が分からないほど、想像より汚かった。私は、あんな一日を過ごすことより、部屋の片付けの一つでもするべきやったんか？　という一抹の不安に襲われながらも、またしても自分を説得するように「否、今日はこれでええんや」と武士然として毅然と言い聞かせた。

それがどんな日であろうと、自分を説得する癖がついてしまったのはいつからなのか、考えてもそれらしい答えなど出ないくせに考えたがるのだから世話がない。だから婚期を逃しているのかもしれない。最近では何が起きても下の句を「だから婚期を逃している」という風に締めくくらせて頂いている。未来の私よ、かたじけない、と、武士然として毅然に謝罪することも忘れないのである。

がらりと自分の環境が変わったわけではないけれど、ずっと変なことをやってきていたことを深夜の番組に見つけて頂いてから、徐々にではあれど確実にいろいろなことが変わってきているのだろうなとぼんやりと感じていた。周囲の人たちが何となく優しくなった気がするし、少しだけ意地悪なことを言ってくる人も増えた。多少の驚きはあれど、その人が意地悪なことを言ってくるような人なのだと知れただけでも良かったと思い直し、自分自身があまり意地悪なことを言われないような人間であらねばいけないなと省みる機会にもなった。「良い時に寄ってくる奴は信用しちゃいけない、悪い時に側にいてくれた人を信用しろ」と言ってくれる人もいたけれど、今の自分が「良い時」なのかどうかもあまり掴めていないし、その人自身も別に私の悪い時に側にいてくれた人というわけではなかったので、何が何だかよく分からない言葉として、それは何が何だかよく分からないフォルダにしまうことになった。当の私はといえば、ただひたすら一つ一つの仕事に対して、とにかく人より少し頑張ろうという気持ちで、幾ばくか必死なだけである。

自分にできる仕事に対する最大限の礼儀が懸命にやる事しか見当たらないのだから程度が低い気さえしてしまうものだが、言い訳をしたくないから良くても悪くてもこれが自分の全力だと言える仕事をしていきたいと考えている。お笑いの仕事だけではなく、有難いことに文章もイラストも芝居の仕事も取り組ませて頂く機会に恵まれている。その全ての仕事に対して、誠心誠意に持ちうる力と礼を尽くして取り組みたい。

何せ、後悔というものが長く続く人生の上で最も邪魔くさいことを嫌というほど知っている。やるだけやってあかんなら田舎帰って飲み屋でもやろう、なんて、とっくの昔に決めていることだ。華麗に飲み屋を大開店させたいのなら、一寸たりとて後悔や未練というものを持ったまま港町をうろうろするのはご法度なのである。

注目されている、という言葉は10年もの間とくに誰にも知られずにひそひそとお笑いをかじっていた自分にとっては十二分に有難く恵まれものだと両手を擦り合わせて感謝させて頂いているが、どこかでやはり分不相応な気もしていて、だからこそ自分のするべき事から焦点をずらさずに、どれほど間違っても決してお調子になどは乗らず、浮かれず憂いず、ひとつひとつを取りこぼさぬよう学びながら、こつこつと引き続きやれるべきことをやらなければならないと気を引き締めるばかりである。地道にやっても報われないことの方が多いことなど知っているけれど、それでも地道にやることでしか自分を信用してやれないのだから仕方がない。

来年の今頃、自分はどこで何を考えているのか、お笑いをやれていれば幸運だけれど、お笑いをやれていなくても特に後悔はないだろう。そう言いきれるほどの取り組みを今後も積み重ねていけるかどうかが肝心要《かんじんかなめ》であるし、こんなに仕事に打ち込んではりきったり落ち込んだり喜んだりしているのだからほれたはれたで疲れる余裕などどこにもない。会うたび美味い餃子の焼き方がどうだとか、美味い梅酒の漬け方はどうだとかの暮しの手帖みたいなエピソードトークばかりおろしてくる後輩とばかり遊んでただただ癒しを吸うばかりである。よって婚期を逃している。いい加減にしてくれ。

良いなと思っていた男性から遂に「ラインも返せないくらい忙しいの？」「先々週の返事が今くるの？」「もういいや」という怖いラインが打ち上げられた。現場でそれを目にした私は思わずマネージャーに「……赤紙や……」と震える手でそれを見せ、気の利くマネージャーは「忙しい時は催促しないでほしいですよね！　見守ってて欲しいのに！」と、可愛らしくぷりぷりと励ましてくれたのだが、同席していた先輩芸人に「え？　何で返さんの？　返したらええやん」と軽率に言われ「イヤア……そういうことじゃないんですよ……」とたちまち煙に巻いてしまった。すぐに先輩を煙に巻くのだから婚期を逃している。未来の私よ、かたじけない。いい加減にしてくれ。私が結婚したらお前らは私より喜び倒してくれ。

香水

香水が好きである。もともと大変に好きではあったのだが、長く鬱陶しい貧乏時代に香水などという嗜好品を買える金銭的余裕などは皆無であり、学生時代より使用していた香水が全てなくなってしまってからは、私のオアシスである驚安の殿堂ドンキホーテにて、もともと安価である香りのついたボディミストのようなものをさらに安価で入手するという神業を以ってして香りに対する欲求を誤魔化してきた。ゆえに「香水が好き」だなんて宣える資格は持ち合わせていないと自己判断し、長らくはこんな風に堂々と発表できることはなかった。それが有難いことにお笑いという仕事だけでまとまった収入を得られるような、さらには嗜好品まで買えるようなお給料をもらえた時に、ようやく「香水」と呼べるものをきちんと買うことができたのだった。

これは情けない話だが、私がお笑いだけで初めて生活をすることができたのは芸歴10年目の9月の頃であった。それまでは年収20万ほどの10年間だった。これも少し見栄を張っているところがあり、そのうちの数年は年収5万もいっていなかった。最も美しいとされる女の20代のほとんどすべてが、年収ザコ万円だったというわけである。

そりゃあキューティクルも絶滅し、日焼け止めを買う余裕もないのでシミソバカスに愛され、ドンキで買ったジーパンを6年も愛用するわけである。とはいえその9月の給料も12万円程であったため、まだ生活するのがやっとであるというような給料ではあったのだが、それでも私は10年間蓄積され続けていた絶望の膿に少し針を刺せたような、この金額を稼ぐまでこれだけの時間が必要だったという気まずさのようなものはもちろんあった上で、それ以上にようやくここに到着できたという喜びがひとしおであった。とはいえ私には借金もあり、香水のような嗜好品にはまだ手を出せなかったのだが、それからまた数ヶ月経った頃、ようやく、自分への褒美なるものを購入できる給料を頂けたのであった。

私は、自己最高月収や！　と飛び跳ね、まずは日頃から世話になっている先輩方、そして世話をしてくれている後輩たちに飯をご馳走するという積年の願いを叶えることに成功した。それから、私のようなずさんでだらしがなく、前科がないだけマシみたいな不良品芸人に音を上げることなく付き合ってくれているマネージャーさんたちにささやかな贈り物も渡すことができた。

お気付きだろうか、これはきっと世の中の方々が「初任給」というものを手に入れた時にする行為なのである。私はそれができるまでに、情けないことにまるっと10年かかったということだ。それはもう全裸の監督よりも野太い声で「お待たせしました」と唸ったものだった。もちろん私は借金という素晴らしい債務を抱えている身なので、贅沢をしたり唐突に生活水準を上げるような真似は到底できないのだが、それでも、それらを達成したあと、自分も頑張ったし、20代を捨てながら頑張ってきたひとつの成果やし、と、言い訳のような理由をつらつらと並べながら、ようやく香水を買いに向かったのである。

香水

私は「憧れの香水」というものは特に持っていなかった。ボトルが素敵だとか、どうやら巷で噂らしいだとか、そういった感想は抱くものの、やはり最も重要なのはそれを手にするときの感覚である。これは何かの本で読んだだけの上澄みの知識なのだが、香りというものはダイレクトに脳に伝わり脳波が変化するのだという。つまりその時の自分の脳しかその香りとフィットするかどうかということを判断できるものがないのであり、自分以外の人間が良いと言っても自分の脳波がどう蠢くのかは嗅覚を使わないと分からないのである。

松竹芸能の劇場、「新宿角座」と目と鼻の先にあるのにほとんど足を踏み入れたことのなかった伊勢丹に赴き、1階のフレグランスコーナーへと向かった私は、美しく陳列された輝かしいウイスキーのボトルのような香水たちを眺めながら店員さんに好きな香料をいくつか伝えてアテンドしてもらった。紹介してもらったいくつかの香水はどれもが最高に素敵な香りで、来年の今頃、もしまた貧乏生活に戻っていたとしても、この香水を吹きかけたら今日の日のどきどきした高揚感と達成感を思い出し続けられるのではないかと考え、そしてそれはまたキューティクルが絶滅してしまった頃の私を支えてくれるような気もしてひどく頼もしく思えた。

しばし悩んで、あるひとつの香水を買った。もともと私の好きな香りは石鹸やネロリやホワイトムスクなどの香りだったのだが、その香水はかろやかなバニラベースの香りのなかにイランイランの存在感も感じる、清涼感がありながらも大人びた雰囲気を持つ不思議な魅力のあるものだった。手首にのせてしばらく経ってからのまろやかな甘さも、ふと香れば脳にじゅわっと浸透し染み込んでいくような恍惚感があり、これぞ脳波や、と、名探偵のように点と点を結びつけ、割とすぐにそれと決め、めでたく自分の所有物としたのだった。

誰かへの贈り物を買ったことはこれまでも何度かあったが、自分のための小さくて綺麗な紙袋を持って、店員に感謝されながら伊勢丹から脱出したことは人生で初めてのことだった。曇り空の下、駅に向かうまでの道を歩きながら、もしかすると安い喫茶店でたばこの匂いを浴びながらコントを考えるしかない今日を送っていたかもしれないのに、こんな物を持って新宿を歩いている日を過ごすことができているのは、あらゆるもののおかげだと改めて考えていた。

誰かが私を評価しても、それは私を評価しているのではなくて、番組だったり企画だったり周囲の人々だったり、あらゆるものを内包しているのだ。もちろん私も素晴らしい仕事をしているという自信はあるが、それだけではきっとこの紙袋を持つまでに至れていなかった。さまざまな幸運と素晴らしい人やもののおかげで、この日を迎えることができているのだと、私はこの先、この香りをつけるたびにこう考えているこの道を思い出すのだろうと感じ、そして、10年もしぶとくよくやったね、つらいこともあったのによくここまでこれたね、と、まだまだ頑張らねばならない身であることは明白なのだが、それでも、ようやく初めて、言い訳のようなそれではなく、素直に自分を労ってやることができたのだった。

私はきっとこの日のことを忘れないし、忘れることもきっとしてはいけない、帰ったらこの気持ちを忘れないように事細かく日記をつけよう、そしてこの香水を使いきる日がきたとしてもボトルは棺桶まで連れて行こう、などと大げさなことを考えながら歩いていると、事務所の先輩のワンワンニャンニャンの菊地さんといち・もく・さんの久保田さんに遭遇した。弊社のおじさん芸人を代表する、ほぼ初老のような先輩だが、私は久しぶりに彼らにお会いできたことも嬉しく、他愛のない会話ではあったがひとときの立ち話を楽しんでいた。

「ヒコちゃんは何してたの？」

菊地さんと久保田さんはこれから仕事の現場に向かうところだ、という話をしてくれたあとで、菊地さんにそう尋ねられた。私は「実は」と気まずいながらも、香水を買いに行っていたのだと打ち明けた。

「へえ、オシャレな趣味だねえ」

「イヤハヤ」

「どんな匂いなの？」

菊地さんと久保田さんはまるで姪と喋る程度の関心でそう尋ねてくれた。本当は興味がないだろうに優しく紳士的な応対であるなあと内心で感心しながら、私はこれですと言って、菊地さんと久保田さんの鼻先に自分の手首を持っていった。

「おっ」

「どうですか？」

「ううん、夏のギャルの匂いだね〜」

「バニバニラ〜」

菊地さんはしかめっ面をしながら夏のギャルだと言いきり、久保田さんに至っては両手を上下に動かしながら「バニバニラ〜」という、バニラギャグみたいなものを披露してきた。なんだか分からないけれど、私は一瞬にして白目をむきかけたほど気分がげんなりし、やっぱりこんな訳のわからんおじさんたちにわしの最高の香りを嗅がせるんじゃなかったとひどく後悔し、「高かったんですから」と、値段を引き合いに出すという宇宙で一番イケてない手法で反撃をしてからダッシュでその場を去った。その日の日記には全てのことを記そうとしたが、どうにも菊地さんと久保田さんと遭遇したことだけは記したくなかったため、日記の中でこの一連の出来事はきっちりとなかったことにさせて頂いた。

チェックリスト

数年前、笑えるほど手応えのなかったオーディションの帰り道、取り留めもなくあれやこれやと考え出しては止まらなくなったことがあった。もう何年も芸人として自分なりには昼夜問わずライブを基盤にお笑い芸人としての活動に取り組んでいたつもりだけれど、これほど何年もやっているのにまだ認められないということは、きっと、もう、向いていないのだろうと、悲観的になるわけではなくただぼんやりと考えていた。うだつのあがらぬ日々の中で、諦めがつくものならばさっぱり辞めてしまえるけれど、大小問わずあらゆる種類のこまやかな希望や期待が私を「芸人」と名乗れる場所へ立つことを許し続けていた。

そう名乗れる場所に立つことはとても簡単で、立ち続けることには多少の根性が必要だけれどそれも気合いさえあればだいたいはどうにかなるだろう。しかし芸人として十分に生活、この生活、というものは名誉欲だったり物欲だったり食欲、色欲と人それぞれ違うだろうけれど、そういった複合的な意味での「生活」を得られるところに立てるかどうかは別の話である。

「芸人」と名乗ることが許される場所に立ててはいるものの、十分な「生活」は得られていない、この先得られるかどうかもちゃんちゃら分からない、でも絹のように薄い望みだけで「芸人」と名乗り続けることは、脱出できない監獄の中にいるようだった。希望というものは自分の支えになる瞬間もあれど、自分が苦労する理由として日常に滞在する時間の方が長い。それさえなければこの拷問から抜け出せるかもしれないのに、些細な希望というもの、あるいは希望のようなもの、を、自分でせっせと見つけだし掬い上げてはまた檻へと苦行をしに舞い戻っていく。希望さえなければこの人生はどれほど簡単だったのだろうかと考えることは、絶望することにもよく似ていた。

これは非常にくだらない話、恥ずかしい話でもあるのだが、その時期、テレビのバラエティ番組をまともに見られないことも多々あった。多々あった、というよりは、わりと長い間、そうだった。もちろんお笑いはこの世で最も好きなものであるのだが、いつからかテレビを見て純粋にわははと楽しむことができず、いろんなことを勝手に考えては勝手に落ち込み、気が滅入ってしまうようになった。気が滅入ること、このまま売れないことよりも、宇宙で一番好きだったはずのお笑いを、お笑いのテレビを、嫌いになってしまうのではないかということのほうが、ずっと、とても怖かった。

あ、この番組のオーディション行ったけど落ちたやつや、とか、彗星の如く現れた芸歴が随分下の後輩を見ることだとか、自分はいくらやったところで何年も同じような「生活」をしているという現実はいつも唐突に、それでいて鋭利に私の身体を劈きにやってくることがある。

私は、私の芸は確実に精進していると思っていたが、それでも変わらぬ、変えられぬものの方が多かった。懸けていたオーディションに落ち、巡ってきたチャンスもあと一歩のようなところで報われぬ日々が続く中で、辞めてしまおうと思ったことなどは億万回はゆうに超えている。映画『ラ・ラ・ランド』で女優業にうだつの上がらぬヒロインであるミアが、女優業は諦めるのだと恋人に告げるシーンにて、恋人からはまだ頑張れる、諦めるなと励まされている折に「6年もやったのよ、もう十分傷ついたわ」と言った、その台詞が忘れられないでいる。映画公開当時、私もそのくらいの芸歴で、勝手に彼女の状況に自分を投影しては心臓がきゅっと雑巾絞りにされたような感覚に陥った。私も、もう十分傷ついたか、と、ことあるごとに思い出しては、踵を返すように逃げてしまいたくなったことはたくさんあった。このまま一生テレビをまともに見られないままなんか？と思うとてつもない恐怖に襲われ、当時の日記には「拷問をくらうだけの20代になっている」と書かれてあって、さすがにええこともあったやろ、とは思ったりした。

そんな暮らしの中で、芸歴8年目の頃「これができたら辞めていいリスト」を作成することに大成功した。当時、なぜ自分が今芸人を辞められないのかと考えた時に、意地でも達成しておかなければならないことがあるからだと考えたのだ。言い換えれば、これだけは何がなんでも達成したいという望みである。

この番組に出る、とか、こういう仕事をする、とか、この人に飲みに連れてってもらう、とか、この人を笑かせる、とか、つらつらと書いていくと何十個もの項目が出来上がった。このリストさえ埋めれば芸人を辞められる、それは、卑屈な希望だった。

それからはつきものが落ちたように心ふっと楽になり、なにかカウントダウンが始まったような、逆に言えばこれさえ達成したら辞めれるんや、と思うと心はとても軽くなった。

誤解させたくないのは、この仕事は好きだし、芸人という立場でいられるこの人生も好きで、とても幸せだ。できればいつまでも続けていきたいけれど、それがどれほど難しいことかも痛いほどに知っている。望みを捨てられぬまま、狭霧《さぎり》ばかりが立ちこめる道を自分で編んだ靴で歩むしかないという状況など、ほとんど拷問のようなものである。その拷問に耐え抜いてでもお笑いが好きなら「芸人」を続けろなんて、私以外の人間は言ってはいけない。このつらさは私にしか、そしてそれぞれの芸人にしか分からない。嫌いになれたら楽なのに、なんて思うわりに、本当は嫌いになんてなりたくないときちんと分かっている。これが愛なのか執着なのか、そんなことも本当のところは分からない。

だから私は、芸人を辞めます、と告げてきた多くの過去の仲間達に、こちらの水に希望だけは持たせぬよう、希望はすぐに姿形を変えてこびりついたような未練となる、それは、数多の「もし」にも繋がりかねないこと、そういったことは言わないように努めてきた。

そして有難いことに、この数年でこつこつとリストの項目にチェックを入れ続け、先日、このリストのチェックは全て完了した。私は幸運なことに、もうどんな希望さえ持っていない。

なぜチェックをつけられたのかと考えれば、それはもう、さまざまな人や場面のおかげなのである。今でもくだらない希望を抱えたままぼろい靴でどこだか分からないような道を歩き続けていたかもしれないところを、ぱっと連れ出して頂いた身体である。あとは拾ってもらったこの身体で、拾ってくれた人々に、どう恩を返していくことがベストなのかを考え、残りの人生でそれにだけ取り組んでいくのである。今度は自分のためではなく、時間と労力を割いていきたい。このリストに全てチェックを入れられた時点で、私にはどんな恐怖さえ持つ資格はないという風に考えている。

とはいえ本当にお笑いを辞めるのかというとそういうわけではもちろんない。この身体でいけるところまでいくのが、多くの人々に拾ってもらった手前の筋である。ただし、心は十分に整っている。希望を持たないということは、手錠が外れたようなものだ。ショーシャンクは希望を忘れぬことで脱出できたけれど、希望を捨てることで解放され雨を享受できる瞬間もある。

しかしこれはあくまでも「これができたら辞めていいリスト」の話である。今、私の手元にはまた異なるリストが2枚ある。これらもチェックで満たすことができるのかどうか、はたまた棺桶に未完のチェックリスト共々ぶちこまれるのか、これはまた別のお話である。

おわりに

数年前、自分が芸人としてどうなっていくのか、別に誰にも求められたり必要とされたりしないまま、意地のように芸人であると名乗り続けていた時期に、こうした文章を書き留め出した。冒頭にもあったように花形さんとつるちゃんに勧められるがまま書き始めたものが、今やこうして一冊の本になっているのだから、未来というものはてんで分からない。

あの頃の私はどこを探しても6円しかなく、花形さんの家に置いてあった賞味期限切れの腐ったおにぎりを盗んで食べては怒られたりしていたのに、今では滞納することなく家賃も支払えているのだから、やっぱりてんで分かりっこないのだ。

ある意味でログのようなものでもあるので、人目に触れることに気恥ずかしさもあるが、情けないことも恥ずかしいことも、すべてが私の人生で、私の身体で、私の選択から生じたことなのだから仕方がない。諦めというものは常に自分に向いている。私なんだから仕方がない、私に生まれついたのだからもうおわり、そんな風にして抗うことなく受け入れてさまざまな期待は破ってきた。私みたいなものはそもそもが恥ずかしいし情けないしみすぼらしいし人間としての出来が浅いのである。立派な人間には生まれついてこなかったが、業ならば絞り出せるほどにある。あなたの業と交わる瞬間があり、あなたが何かを笑って諦められる契機になれることがもしあれば、そんなのは幸運すぎるほどに嬉しいことである。

最後に、ひょんな事から私を見つけてくれて書籍化までスピーディに段取りを組んでくださった編集者さん、そしていつもだらしない私がスムーズに執筆の仕事ができるよう支えてくれた松竹芸能のスタッフたちに感謝を述べたい。信じられないほど忙しかった日々に原稿を書きながらこうして一冊の本にするところまで辿り着けたのは彼らのサポートのおかげでしかない。そしてこんなところまで眺めてくれているあなたのおかげで、私は今日ものうのうと芸人と名乗りながら生活をすることができている。

元来、馬に蹴られて死んじまえと罵られ続けていてもおかしくないような女が、人様のお力を借りながら平気な顔をして生きているのである。なんと図太く厚かましいのか。しかしながらそれもまた私なのである。失礼しました、申し訳ありません、そんな風に述べながら、でも仕方ないよな、と、やっぱり諦めているのである。

初　出　一　覧

以下はnoteの原稿を加筆・修正し、ほかは書き下ろしです。

「まるこ」

「方言」

「タイムリープ」

「岐阜営業」

「コリドー前編」「コリドー後編」

「サマージャム2019」

「彼女たちについて」

「電子書籍」

「お客」

note

きれはし

2021年 9 月 4 日　初版発行
2021年12月 6 日　三刷発行

著　　者　ヒコロヒー

編　　集　児玉志穂
装　　丁　西郷久礼
制　　作　大久保潤(Pヴァイン)
制作協力　相沢悠紀子(松竹芸能)
　　　　　岡島美月(松竹芸能)
　　　　　佐藤遥香(松竹芸能)
　　　　　藤田浩子(松竹芸能)

発 行 者　水谷聡男
発 行 所　株式会社Pヴァイン
〒150-0031
東京都渋谷区桜丘町21-2 池田ビル2F
編集部:TEL 03-5784-1256
営業部(レコード店):
TEL 03-5784-1250
FAX 03-5784-1251
http://p-vine.jp

ele-king
http://ele-king.net/

発 売 元　日販アイ・ピー・エス株式会社
〒113-0034
東京都文京区湯島1-3-4
TEL 03-5802-1859
FAX 03-5802-1891

印刷・製本　シナノ印刷株式会社

ISBN: 978-4-910511-00-9